texte zur graswurzelrevolution 1

Bill Moyer

Aktionsplan für soziale Bewegungen

Ein strategischer Rahmenplan erfolgreicher sozialer Bewegungen

Verlag Weber, Zucht & Co

Originaltitel der US-amerikanischen Ausgabe:
The Movement Action Plan (MAP)
Eight Stages of Successfull Social Movements
Übersetzung von Michael Lang

CIP-Titelaufnahme der Deutschen Bibliothek

Moyer, Bill:
Aktionsplan für soziale Bewegungen : ein strategischer
Rahmenplan erfolgreicher sozialer Bewegungen / Bill Moyer.
[Übers. von Michael Lang]. - 1. Aufl. - Kassel : Weber, Zucht,
1989
    (Texte zur Graswurzelrevolution ; 1)
    Einheitssacht.: The movement action plan < dt. >
    ISBN 3-88713-036-7
NE: GT

Erste Auflage 1989
© Weber, Zucht & Co Versandbuchhandlung & Verlag GmbH
3500 Kassel, Steinbruchweg 14
Umschlaggestaltung Angelika Fischer
Druck: Grafische Werkstatt von 1980 GmbH
ISBN 3-88713-036-7

Inhalt

Die chinesischen Zeichen zu Beginn jeder Phase und die sie begleitenden Texte sind dem Buch I Ging (Buch des Wandels) entnommen, das seit Jahrtausenden dazu dient, die Bedeutung menschlichen Verhaltens zu erkunden.

Vorwort

Handbücher zu gewaltfreien Aktionen, zu Trainings oder zum Thema zivilen Ungehorsams gibt es mittlerweile wie Sand am Meer, sie füllen etliche Regale in alternativen Buchläden, Friedensbüros und in den Privatbibliotheken engagierter AktivistInnen. Was bisher jedoch fehlte, ist ein Organisationshandbuch für langfristig angelegte soziale Bewegungen. Bill Moyers „Aktionsplan für soziale Bewegungen" (Movement Action Plan, MAP) ist ein Modell, in dem acht Entwicklungsstufen, die soziale Bewegungen über mehrere Jahre durchlaufen, analysiert und beschrieben werden. Der Autor hat seine fast 30-jährige Erfahrung mit den verschiedensten sozialen Bewegungen ausgewertet, verglichen und die dabei immer wieder auftretenden Entwicklungen und Dynamiken festgehalten und in acht Phasen systematisch dargestellt.

Bill Moyers Aktionsplan erscheint zu einer Zeit auf dem deutschen Markt, in der viele sich fragen, wie es mit den sozialen Bewegungen weitergehen wird, ja, ob es sie überhaupt noch gibt. Im Spiegel vom Aktionsplan jedoch ist z.B. die 'Flaute' in der Friedensbewegung nach dem Stationierungsbeschluß und den INF-Verträgen kein Versagen, sondern eine normale Phase, die erfolgreiche Bewegungen durchmachen müssen.

Die Schilderung der acht Phasen erscheint vielleicht manchmal etwas zu idealtypisch und mechanistisch, das beschriebene Fallbeispiel (Anti-AKW-Bewegung in den USA) zu geradlinig. Es darf halt nicht vergessen werden, daß der Aktionsplan keine Gebrauchsanweisung darstellt, sondern ein *Modell* vom Verlauf von sozialen Bewegungen ist. Sicher sind auch bei der Übertragung dieses im nordamerikanischen Raum entwickelten Modells einige Anpassungen an unsere gesellschaftlichen Verhältnisse vorzunehmen. Was Bill Moyers Analyse auch für europäische LeserInnen interessant macht, ist die Beschreibung der Strategie der Herrschenden und der Strategie der Bewegung, die hier in einen bisher fehlenden Gesamtzusammenhang gestellt werden und dadurch neue Einblicke vermitteln. Mehr als einmal — sei es bei den Strategien der Herrschenden oder auch bei der Beschreibung von gesellschaftlichen Entwicklungen — denkt man sicher „ja ebenso ist es mit 'unserer' Bewegung gelaufen", oder „genauso sind sie, die Politiker, mit uns verfahren".

Es ist das erklärte Ziel von sozialen Bewegungen, den Machtmißbrauch der Herrschenden anhand konkreter Probleme anzuprangern und schrittweise die Machtverhältnisse umzukehren. Es kann nicht darum gehen, lediglich eine neue Lobby für unsere Ziele zu schaffen, die dann — ähnlich wie vorher, durch Manipulation der breiten Bevölkerung — eine Politik betreibt, die uns vielleicht in der Sache besser entspricht, aber mit ähnlichen Herrschaftsstrukturen aufrechterhält. Soziale Bewegungen erfüllen eine wichtige Aufgabe bezüglich der Demokratisierung der Gesellschaft. Sie unterstützen Emanzipationsprozesse, d.h. bieten uns Gelegenheiten, persönliche und politische Kompetenz und Macht, die wir bisher ignoriert oder delegiert haben, zu erkennen und zurückzuerobern. Daher ist der Aufbau und die Vernetzung von unabhängigen Basisgruppen ein zentraler Aspekt in der Strategie von sozialen Bewegungen. Der Entwicklungen von Hierarchien und neuen zentralistischen Machtstrukturen soll von Anfang an entgegengewirkt werden. Es ist eine sympathische Seite am Aktionsplan, daß darin die einzelnen Menschen ernst genommen und nicht lediglich 'für die gute Sache' funktionalisiert werden. Neben der Betonung unserer gemeinsamen Verantwortung für gesellschaftliche Entwicklungen, die zwischen den Zeilen durchklingt, wird auf der anderen Seite darauf hingewiesen, daß es weder der Sache noch uns selbst nutzt, wenn wir uns rastlos auspowern und nach einigen wenigen Jahren ausgebrannt sind und der Bewegung enttäuscht den Rücken kehren, weil sich der erhoffte Erfolg noch nicht eingestellt hat.

Die vorliegende Broschüre wendet sich also eher an AktivistInnen als an Unterstützerkreise von alternativen Lobby-Institutionen (wie z.B. Greenpeace). Hier werden Menschen angesprochen, denen es nicht reicht, Geld für eine gute Sache zu spenden, sondern die bereit sind, sich in ihrem Kampf für Veränderung auch selbst zu verändern. Es geht nicht allein um die Durchsetzung bestimmter Sachentscheidungen (z.B. Atomkraft ja/nein), sondern um eine grundsätzliche Gesellschaftsveränderung, um den Abbau von Herrschaftsstrukturen. Mit anderen Worten: Es geht um Graswurzel*revolution*.

Der Aktionsplan ist ohne Frage ein optimistisches Modell. Es will Menschen, die sich in sozialen Bewegungen engagieren, Mut machen, will ihnen zeigen, daß sich ihre Arbeit lohnt, daß sie nicht alleine sind mit ihrem Bemühen und daß es in ihrer Macht liegt, die Welt menschlicher und lebenswerter zu machen. Aber der Aktionsplan ist weit davon entfernt, ein Modell für Träumer zu sein. Denn wenn wir davon ausgehen, daß es tatsächlich in unserer Macht liegt, gesellschaftliche Veränderungen zu bewirken, so müssen wir auch die Verantwortung für eben diese Veränderung − oder deren Unterlassung − übernehmen. Viele Menschen benutzen das so oft gehörte „da kann man ja doch nichts dran ändern" lediglich als Ausrede, sich nicht (länger) engagieren zu müssen. Für sie bedeutet Demokratie, daß 'die da oben' die politische Linie bestimmen und 'wir hier unten' uns ein bißchen darüber aufregen oder auch schon mal dagegen demonstrieren dürfen. Der Aktionsplan ist für Menschen geschrieben, die sich noch den Luxus eigener Vorstellungen von einer lebenswerten Gesellschaft gestatten, für Menschen, die an ihre Macht glauben, diese Vorstellungen zusammen mit Gleichgesinnten umsetzen zu können und denen es Spaß macht, kreativ ihre Umwelt mitzugestalten.

Dem Aktionsplan seien viele, viele LeserInnen von dieser Sorte gewünscht.

Im August 1989   Michael Lang

Aktionsplan für soziale Bewegungen

Ein strategischer Rahmenplan, der die acht Stufen erfolgreicher sozialer Bewegungen beschreibt.

Im Frühjahr 1977 kam die amerikanische Anti-AKW-Bewegung so richtig in Gang. Damals besetzten 1.414 AktivistInnen des Clamshell-Bündnisses das Atomkraftwerk Seabrook und mußten die nächsten zwölf Tage im Gefängnis zubringen. Die Massenmedien berichteten über die AktivistInnen, die in Waffenlagern rund um New Hampshire eingesperrt waren und so wurde die Atomenergie innerhalb dieser zwei Wochen zu einem weltweiten Thema. Überall in den USA gab es Solidaritätsdemonstrationen und in den folgenden Monaten bildeten sich Hunderte neuer Graswurzelgruppen, die begannen, gegen das Atomprogramm zu arbeiten.

Das Clamshell-Bündnis wurde zum Vorbild dieser neuen Bewegung. AktivistInnen aus dem ganzen Land idealisierten deren Leistungen. Sie hatten eine neue bundesweite Bewegung ins Rollen gebracht, die sich gegen die Atomenergie, die mächtige Atomindustrie und das Ziel der Regierung — 1000 AKWs bis zum Ende des Jahrhunderts („Operation Unabhängigkeit genannt) — wehrte. Bis zu diesem Zeitpunkt fand die Atomenergie die Zustimmung der Bevölkerung und war kein öffentliches Thema. Daher fragten wir uns, wie um alles in der Welt sie diese Wende fertiggebracht hatten und ich freute mich auf die Strategiekonferenz im Februar 1978, an der auch 45 Clamshell-OrganisatorInnen aus ganz Neu-England teilnehmen würden.

Am Freitagabend erwartete ich, eine lebendige, optimistische Gruppe zu treffen, die stolz auf ihre Leistungen war. Um so mehr überraschte mich, was ich stattdessen sah: die Clamshell-AktivistInnen saßen mit hängenden Köpfen da, niedergeschlagen und entmutigt. Sie sagten, ihre Anstrengungen seien vergeblich gewesen: trotz zwei Jahren harter Arbeit würde das AKW Seabrook weitergebaut und die „Operation Unabhängigkeit" fortgesetzt. Einige berichteten ausgebrannt zu sein, andere betonten die Notwendigkeit von zunehmend militanten Aktionen, sogar von gewalttätigen Guerilla-Aktionen. Um das Atomprogramm zu stoppen, hielten sie es für notwendig, daß Tausende von Leuten an der Aktion zivilen Ungehorsams, der Frühlingsblockade in Seabrook teilnähmen, aber niemand hatte die Hoffnung, auch nur einen kleinen Teil davon zu mobilisieren.

Ich überlegte, wie ich es in meinem für den nächsten Morgen vorgesehenen Redebeitrag schaffen könnte, diese Menschen davon zu überzeugen, daß sie außerordentlich erfolgreich waren, ja, von vielen in der neuen Bewegung als nationale Helden angesehen wurden. Ich blieb in der Nacht lange auf und entwickelte ein Stukturmodell (jetzt „Movement Action Plan", MAP, „Aktionsplan für soziale Bewegungen" genannt), das die Phasen beschrieb, die eine erfolgreiche Bewegung durchläuft. Dieses Modell stellte ich am folgenden Morgen vor und erklärte daran, wie eine neue Bewegung — angeführt von

Clamshell — geschaffen worden ist, wie sie in nur einem Jahr die meisten Ziele der Phase vier erreicht hatte und daß diese Bewegung im Augenblick dabei war, in eine nächste Phase die der massiven Opposition überzugehen. Dieses Phasenmodell half vielen der Clamshell-AktivistInnen wieder Mut zu fassen und eine neue Strategie zu entwickeln.

Die Erfahrung der Clamshell-Gruppe, von Entmutigung und Zusammenbruch ist gar nicht so ungewöhnlich. Jede größere soziale Bewegung der letzten zwanzig Jahre hatte nach einigen Jahren, nach der gelungenen Aufstiegsphase, einen erheblichen Rückschlag zu verzeichnen. Das wurde dann von AktivistInnen als ein Versagen der Bewegung interpretiert. Die herrschenden Institutionen wurden als zu mächtig und die eigenen Anstrengungen als bedeutungslos angesehen. Das gilt auch für Bewegungen, die sich auf den Wegen früherer erfolgreicher Bewegungen verhältnismäßig gut entwickelten.

Innerhalb der letzten acht Jahre habe ich dieses Modell AktivistInnen aus Europa und den USA vorgestellt. Jedesmal gab es den Beteiligten frischen Auftrieb, half ihnen die Erfolge der Bewegung zu erkennen, erneuerte Energien und diente der Entwicklung weiterführender Strategien.

Der Aktionsplan für soziale Bewegungen wurde zum erstenmal in der Herbstausgabe des „Dandelion" 1986 veröffentlicht. 12.000 Exemplare wurden davon vertrieben. Dies ist eine überarbeitete Ausgabe. Jede/r ist herzlich eingeladen, an der Weiterentwicklung und Verbreitung des Aktionsplans teilzunehmen.

Soziale Bewegungen

Soziale Bewegungen entstehen durch kollektive Aktionen, die die breite Masse über Jahre und Jahrzehnte aufwecken, sie aufklären und dazu anregen, die Herrschenden und die gesamte Gesellschaft herauszufordern, soziale Probleme oder Anlässe zu Klagen zu beseitigen und entscheidende soziale Werte wiederherzustellen. Durch die Einbeziehung breiter Bevölkerungsschichten in den direkten politischen Prozeß übernehmen die sozialen Bewegungen das Konzept der Regierung: vom Volk, durch das Volk, für das Volk. Die Macht der Bewegungen steht in direktem proportionalem Verhältnis zu der Eindringlichkeit, mit der die Bürgerinitiativen ihre Unzufriedenheit und ihre Forderungen nach Veränderung ausdrücken.

Die entscheidende Aufgabe für die sozialen Bewegungen ist daher der Kampf zwischen der Bewegung und den Herrschenden um die Herzen (die Sympathie), die Köpfe (öffentliche Meinung) und die aktive Unterstützung durch die Mehrheit der Bevölkerung. Denn diese hat es letztendlich in der Hand, ob der Status quo erhalten bleibt oder Veränderungen möglich sind.

Warum wir soziale Bewegungen brauchen

Die Demokratie muß durch „Macht von Unten" wiederbelebt werden. Die voranschreitende Zentralisierung der Staatsgewalt und anderer sozialer Institutionen, kombiniert mit dem Gebrauch der Massenmedien, um politische Prozesse zu initiieren, hat fast jede effektive BürgerInnenbeteiligung an Entscheidungsprozessen eliminiert. In den Zentralen der Macht werden die Entscheidungen zugunsten einer kleinen Minderheit gefällt, während gleichzeitig die Interessen der Gesamtgesellschaft verraten und entscheidende soziale Probleme verschlimmert werden.

Aber die Menschen sind mächtig. Die Macht liegt letztendlich wirklich in den Händen der Bevölkerung. Die Geschichte ist voller Beispiele begeisterter Bürgergemeinschaften, die mit sozialen Bewegungen politischen und sozialen Wandel hervorgebracht, ja sogar Diktaturen gestürzt haben. Diese wissen, daß ihre Macht von der Unterstützung oder Duldung durch die Masse der Bevölkerung abhängt.

Gewaltfreie soziale Bewegungen sind ein mächtiges Mittel, die Demokratie zu erhalten und die Gesellschaft dazu zu bringen, entscheidende soziale Probleme in Angriff zu nehmen. Mit ihnen werden BürgerInnen befähigt, die derzeitigen Machtzentren in Frage zu stellen und aktiv in gesellschaftliche Entscheidungsprozesse einzugreifen, besonders in Zeiten, in denen die normalen Wege der politischen Einflußnahme ineffektiv sind. Soziale Bewegungen beeinflussen die öffentliche Meinung und mobilisieren BürgerInnen, die Herrschenden und die Gesellschaft herauszufordern, universelle Werte und Empfindungen zu bewahren und soziale Probleme zu beseitigen. Im besten Falle entwickelt sich durch sie eine mächtige Bürgerschaft, so daß die soziale und politische Macht nicht länger in den Händen zentralistischer Eliten und Institutionen, sondern bei neuen Netzwerken von Basisgruppen liegt.

In den letzten Jahren haben soziale Bewegungen geholfen, Bürgerrechte für Schwarze und Frauen zu erkämpfen, den Vietnamkrieg zu beenden, US-Interventionen zu behindern und Diktatoren auf Haiti und den Philippinen zu stürzen. Gegenwärtig gibt es starke Bewegungen u.a. gegen Atomwaffen und AKW's, gegen das Apartheitsregime in Südafrika und gegen US-Interventionen in Mittelamerika.

Von der Notwendigkeit eines strategischen Rahmenplans

Es gibt heutzutage Do-It-Yourself-Anleitungen für fast jede Tätigkeit, vom Kuchenbacken über's Tennisspielen bis zu Partnerschaftskursen oder Handbüchern mit Tips, wie man einen Krieg gewinnt. So gibt es Modelle, die, auf Erfahrungen von Gandhi und Martin Luther King basierend, zeigen, wie man gewaltfreie Aktionen organisiert oder andere, die nach Alinski und Ross, Ratgeber für die Gemeinwesenarbeit sind. Es gibt jedoch noch kein entsprechendes analytisches Instrumentarium, um soziale Bewegungen auszuwerten und zu organisieren.

Der Mangel an einem solchen analytischen Modell, das den langen Prozess beschreibt, den erfolgreiche soziale Bewegungen normalerweise durchlaufen, entmutigt AktivistInnen und vermindert die Effektivität ihrer Bewegung.

Ohne einen solchen Rahmenplan als Richtschnur, der Schritt für Schritt dar-stellt, wie sich soziale Bewegungen entwickeln, sind viele AktivistInnen nicht in der Lage, erreichte Erfolge als solche zu erkennen, kurz- und langfristige Ziele zu setzen, zuversichtlich Strategien, Taktiken und Programme zu ent-wickeln und übliche Gefahren zu umschiffen.

Viele erfahrene AktivistInnen sind „Take-Off Junkies". Sie können neue soziale Bewegungen aufbauen, aber wissen nicht, wie sie langfristig Bewegun-gen führen sollen, die eine Reihe von aufeinanderfolgenden Phasen durchlau-fen und zum Schluß eine wirkliche positive Veränderung bewirken. Innerhalb von 2 Jahren nach der „Startphase" verfallen die meisten AktivistInnen un-weigerlich der Annahme, daß ihre Bewegung erfolglos ist und all ihre Anstren-gungen nutzlos sind. Daraus folgt, daß die Leute sich ausgebrannt fühlen, aussteigen und die Bewegung sich in Nichts auflöst. Erstaunlicherweise ge-schieht das sogar, wenn ihre Bewegung sich, verglichen mit früheren erfolg-reichen Bewegungen, verhältnismäßig zufriedenstellend entwickelt. Und dar-aus folgt, daß viele AktivistInnen den Kreislauf von „Startphase" zu „Hoff-nungslosigkeit und Ausgebranntsein" mit jeder neuen erfolgreichen Bewe-gung wiederholen. Der Aktionsplan kann den AktivistInnen dabei helfen, Pro-tagonistInnen sozialen Wandels zu werden, die ihren Bewegungen helfen, alle Phasen von sozialen Bewegungen zu durchlaufen.

Es gibt noch ein weiteres Problem, das wir mit dem Aktionsplan zu beseiti-gen hoffen. Die meisten sozialen Probleme müssen durch politische und struk-turelle Veränderungen auf nationaler Ebene gelöst werden. Aber die überre-gionale Einflußmöglichkeit der sozialen Bewegungen hängt von der Stärke der lokalen Gruppen ab. Bundesweite soziale Bewegungen sind nur so stark wie ihre lokalen Basisgruppen. Die aber vermögen oft nicht, die Zusammenhänge zwischen ihrem Tun und den Entwicklungen auf nationaler und internationaler Ebene zu erkennen. Das alles erscheint ihnen unzusammenhängend und zu weit weg. Der Aktionsplan befähigt AktivistInnen jedoch, diese Zusammen-hänge klar zu erkennen.

Der Aktionsplan für soziale Bewegungen

Mit dem Aktionsplan haben AktivistInnen ein praktisches analytisches In-strumentarium in der Hand, mit dem sich soziale Bewegungen, die an nationa-len oder internationalen Themen arbeiten, überprüfen und organisieren las-sen. Das können z.B. sein: Atomwaffen oder AKWs, militärische Interven-tionen in Mittelamerika, Menschen- und BürgerInnenrechte, AIDS, Demo-kratie und Freiheit, Apartheid oder ökologische Probleme.

Der Aktionsplan beschreibt acht Phasen, die gewöhnlich von sozialen Be-wegungen innerhalb von Jahren oder Jahrzehnten durchlaufen werden. Für jede Phase beschreibt er die Rolle der Öffentlichkeit, der Herrschenden und der Bewegungen. OrganisatorInnen wird so ein Leitfaden für den langen Weg erfolgreicher Bewegungen an die Hand gegeben, mit dem sie ihrer Bewegung auf ihrem Weg zur Seite stehen können.

Die meisten sozialen Bewegungen befinden sich nicht nur in einer einzigen Phase. Bewegungen haben gewöhnlich eine ganze Reihe von Forderungen für politische Veränderungen und ihre Bemühungen bezüglich jeder der verschiedenen Forderungen befinden sich in einer spezifischen Phase. Forderungen der Solidaritätsbewegung für Mittelamerika könnten z.B. in den folgenden Phasen sein: Verhinderung einer militärischen Intervention in Nicaragua (mitten in Phase 7), Stop der Unterstützung der Contras (Phase 6), Entwicklung eines Friedensplans für Mittelamerika (Phase 3).

Der Aktionsplan befähigt AktivistInnen, jeden Teilbereich oder jedes Teilziel ihrer Bewegung unabhängig voneinander zu untersuchen und zu sehen, in welcher Phase es sich befindet; welche Erfolge bereits erzielt wurden, welche wirkungsvollen Strategien, Taktiken und Programme zu entwickeln, welche kurz-bzw. langfristigen Ziele zu setzen sind, welche Gefahren es zu vermeiden gilt.

Soziale Bewegungen lassen sich nicht haargenau in die acht Phasen des Aktionsplans pressen oder durchlaufen bilderbuchartig den vorgegebenen Weg. Soziale Bewegungen haben ihre eigene Dynamik. Sie stellen eine Reihe von verschiedenen Forderungen und jede Einzelforderung ist in einer unterschiedlichen Phase. Wird eine Forderung erfüllt, konzentriert man sich darauf, andere Forderungen zu erreichen, die noch nicht so weit fortgeschritten sind. Ein Beipiel: 1960 durchlief die Restaurant-Sit-in-Kampagne der Bürgerrechtsbewegung erfolgreich alle 8 Phasen. Das wiederholte sich in den Jahren darauf mit Bussen und öffentlichen Einrichtungen. 1965 geschah es genauso mit der Bewegung für das Wahlrecht, die im März mit einer Demonstration in Selma begann und im August mit der gesetzlichen Verankerung des Wahlrechts endete.

Schließlich ist der Aktionsplan nur ein theoretisches Modell, das aus früheren Erfahrungen entwickelt wurde. Real-existierende soziale Bewegungen, passen weder haargenau in die acht Phasen, noch bewegen sie sich linear, glatt oder buchstabengetreu in der beschriebenen Weise durch sie hindurch.

Der Zweck des Aktionsplans ist es, AktivistInnen Hoffnung und Energie zu geben, die Effektivität von sozialen Bewegungen zu steigern und der Entmutigung entgegenzuwirken, die oft zu individuellem Ausgebranntsein, zum Aussteigen und dem Niedergang sozialer Bewegungen führt.

Zwei Sichtweisen der Macht

Viele AktivistInnen glauben gleichzeitig an zwei gegensätzliche Macht-Modelle: *Machteliten* und *Macht von unten*. Jede dieser Ansichten führt zu gegensätzlichen Strategien und Zielgruppen der Bewegung.

Das *Modell der Machteliten* besagt, daß die Gesellschaft hierarchisch organisiert ist. Die Machteliten stehen an der Spitze und die relativ machtlosen Massen befinden sich am Boden. Die Eliten, die den Staat, die Institutionen, die Gesetze, die Mythen, Traditionen und sozialen Normen kontrollieren und lenken, wirtschaften in die eigene Tasche − oft zum Nachteil der Gesamtgesellschaft. Die Macht fließt von oben nach unten. (Siehe Fig. 1)

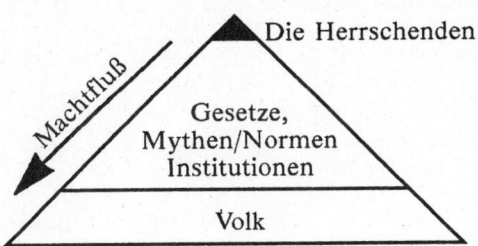

Fig. 1: Modell der *Machteliten*

Da das Volk machtlos ist, kann sozialer Wandel nur dadurch erreicht werden, daß an die Herrschenden an der Spitze appelliert wird, ihre Politik durch die normalen Kanäle und Institutionen zu verändern. Das heißt durch Wahlverhalten, Beeinflussung des Kongresses und Inanspruchnahme der Gerichte. *Zielgruppe* sind die *Herrschenden* und Mittel der Wahl die Überzeugung: entweder man überzeugt die jeweils Herrschenden, ihre Meinung zu ändern oder man wählt neue Machthaber. Die wichtigsten Gruppen sind hier die *Professionellen Oppositionellen Organisation (POO)*, die bundesweite Büros in Washington D.C. und regionale Büros überall im Land unterhalten.

Das Modell der *Macht von unten* beruht auf der Ansicht, daß letztendlich die Macht bei der Bevölkerung liegt. Selbst in Gesellschaften mit starken Machteliten, wie z.B. den USA oder den Philippinen unter Marcos, sind diese von der Kooperation, der Billigung oder Unterstützung der Gesamtbevölkerung abhängig. Dieses Modell läßt sich durch ein auf dem Kopf stehendes Dreieck darstellen. Das Volk ist hier oben und die Machtelite am Boden. (Siehe Fig. 2)

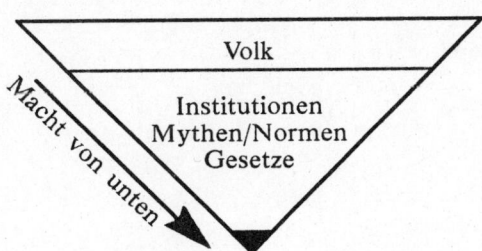

Fig. 2: Modell der *Macht von unten*
Macht von unten ist das Modell, das von sozialen Bewegungen benutzt wird.

Die Strategie sozialer Bewegungen ist es, nicht nur die normalen Wege der Einflußnahme auf die Herrschenden zu gehen, z.B. Präsident Reagans Einstellungen zu verändern, sondern auch aufzurütteln, aufzuklären und eine unzufriedene, empörte und selbstbewußte Basisbewegung zu mobilisieren, die direkte gewaltfreie Aktionen neben den traditionellen parlamentarischen Mitteln und Einrichtungen nutzt.

Die Machtquellen der Bewegung

Die Machtquellen der sozialen Bewegungen beruhen auf zwei menschlichen Eigenarten:
* Wir haben normalerweise ein sehr klares Gefühl, was richtig und was falsch ist. Die Menschen sind sensibel bezüglich ihrer Überzeugungen und Werte und sie reagieren mit extremer Leidenschaft und Entschiedenheit, wenn sie merken, daß diese Werte mißachtet werden;
* Wir nehmen die Welt und die Realität in vielerlei Hinsicht durch Symbole wahr.

Soziale Bewegungen beziehen ihre Stärke aus einer verärgerten, hochmotivierten und engagierten Bevölkerung, die sich entschließt aktiv zu werden. Das geschieht, wenn die Werte, an die sie glauben, und ihre Interessen verraten werden und die Hoffnung besteht, daß die Dinge sich ändern können und Mittel zur Hand sind, um diese Änderung herbeizuführen. Die Leute sind besonders dann bereit zu handeln, wenn Vertrauenspersonen, wie z.B. der Präsident oder Kongreßmitglieder die in sie gesetzten Erwartungen, ehrlich und gesetzestreu ihre Pflicht zu tun, enttäuschen.

Die Irangate-Affäre zeigt dies sehr deutlich. Über Jahre hinweg wurde von den Behörden mit viel Mühe ein neues Schreckgespenst aufgebaut, der Terrorismus aus dem Nahen Osten, um die amerikanische Bevölkerung zu ängstigen und so ihre Bereitschaft zu fördern, zukünftige militärische Aktionen der USA zu unterstützen. Zur gleichen Zeit wurde Präsident Reagan das Image eines nationalen Schutzengels gegen dieses Schreckgespenst verliehen. Er verkörperte die starke Vaterfigur, eine Mischung aus Rambo und John Wayne. Der Öffentlichkeit wurde weisgemacht, er würde alle zur Verfügung stehenden Mittel nutzen, um den Terrorismus weltweit zu bekämpfen, keine Verhandlungen, keine Kompromisse. Reagans Popularität schnellte in die Höhe. Anfang November 1987 jedoch nahm diese Popularität schweren Schaden, als sich herausstellte, daß Reagen in der Irangate-Affäre das Vertrauen der Bevölkerung mißbraucht und dann noch die Öffentlichkeit mit großangelegten Vertuschungsversuchen belogen hatte. Das erinnert an die Zeit, als Nixon wegen Watergate abdanken mußte.

Soziale Bewegungen contra Herrschende

Der Prozeß, soziale Veränderungen durch soziale Bewegungen herbeizuführen, ist der Kampf zwischen der Bewegung und den Herrschenden um die Herzen, die Köpfe und die Unterstützung (oder Duldung) der breiten Öffentlichkeit. Die Herrschenden verfolgen eine Politik, die den gesellschaftlichen Eliten dient, aber oft zum Nachteil der Mehrheit der Bevölkerung ist und allseits anerkannte Werte verletzt. Bevor eine soziale Bewegung entsteht, ist die Bevölkerung sich oft der Probleme und der Mißachtung ihrer Werte nicht bewußt, aber sie wäre sehr empört und schnell zu Aktionen bereit, wenn sie davon wüßte. Das war z.B. bis 1977 die Situation bezüglich der Atomenergie, bis 1980 bezüglich des atomaren Wettrüstens, bis 1983 bezüglich der US-Militärinterventionen in Mittelamerika und bis zum Herbst 1986 bezüglich der Waffenlieferungen an den Iran.

Die Strategie der Herrschenden

Die Herrschenden erhalten ihre Macht und den Status quo, indem sie die Mißachtung sozialer Normen vertuschen und sich bei ihrer Politik folgender Strategien bedienen:
* *Eine erste Verteidigungslinie wird durch die Strategien des „bürokratischen Managements" errichtet. Hier wird alles getan, um die Angelegenheit nicht zu einem öffentlichem Thema werden zu lassen.*
1. Es wird versucht, eine „innere Gleichschaltung" zu erreichen. Der Bevölkerung wird eine sehr gefärbte Sicht des Weltgeschehens vermittelt, in der potentiell umstrittene Fragen gar nicht vorkommen. So wird verhindert, daß sich ein kritisches Bewußtsein entwickeln kann.
2. Es wird verhindert, daß bestimmte Angelegenheiten ans Licht der Öffentlichkeit geraten und zum Tagesthema werden.
3. Es wird verhindert, daß diese Angelegenheiten, wenn sie doch bekannt geworden sind, auf die Liste der gesellschaftlich umstrittenen Themen gesetzt werden.
Mittel, die die Herrschenden zur Erreichung dieser Ziele benutzen, sind u.a. folgende:
1. Kontrolle über die Informationen, die der Öffentlichkeit durch die Medien zugänglich sind;
2. Leugnen, daß ein bestimmtes Problem überhaupt existiert (z.B. „Es wurden keine Waffen in den Iran geliefert");
3. Erzeugung von „gesellschaftlichen Mythen", die das Problem in der Öffentlichkeit entgegengesetzt zu den Tatsachen wiedergeben, so z.B. die Contras „Freiheitskämpfer" zu nennen oder zu behaupten, daß Marcos und Duvaliers Regierungen zur „freien Teil der Welt" gehören;
4. Bedrohungsängste durch künstlich geschaffene Schreckgespenster schüren (z.B. Kommunismus = Macht des Bösen oder der weltweite Terrorismus), damit die Bevölkerung aus Angst und Sorge unkritisch die Politik der Herrschenden unterstützt.
* *Sobald eine bestimmte politische Entscheidung zu einer öffentlichen Angelegenheit wird, sind die Herrschenden gezwungen, zu einer Strategie des „Kri-*

sen-Managements" überzuwechseln. Dabei geschieht folgendes:

1. Die ungerechte Politik wird mit „entschuldigenden Mythen" gerechtfertigt. Es wird erklärt, daß die jeweiligen Schritte notwendig sind, um ein größeres Übel zu verhindern (z.B. „Wir müssen Präsident Marcos unterstützen, um das größere Übel einer kommunistischen Machtübernahme auf den Philippinen zu verhindern".).

2. Alte Schreckgespenster werden wieder zum Leben erweckt oder neue geschaffen.

3. Zwischenfälle werden provoziert, die die neue Politik rechtfertigen und einen gesellschaftlichen Konsens darüber herstellen. So bekam die amerikanische Regierung z.B. die Unterstützung des Volkes für die Eskalation des Vietnamkrieges, als sie erklärte, daß amerikanische Schiffe im Golf von Tonkin angegriffen worden sind.

4. Es wird versucht, die Opposition auszuschalten, indem man sie zuerst ignoriert, dann diskreditiert und destabilisiert, und schließlich, wenn nötig, die Bewegung unterdrückt.

5. Es wird so getan, als ob man an Lösungen arbeitet, z.B. durch Versprechungen, durch neue Sprachregelungen, indem man Studien in Auftrag gibt, Kommissionen ernennt oder Verhandlungen führt, wie sie z.B. in Genf zur nuklearen Rüstungsbegrenzung stattfinden.

6. Es werden kleinere Zugeständnisse durch Reformen, Kompromisse oder Aufnahme einzelner Oppositioneller in die Machteliten gemacht.

7. Die Opposition wird integriert.

* *Um ihre ungerechte Politik fortführen und gleichzeitig vor der Öffentlichkeit geheimhalten zu können, haben die Herrschenden eine Zweigleisigkeit entwickelt, bei der es einerseits „offizielle" und andererseits „operative" Grundsätze und Programme gibt.* (Diese Begriffe basieren auf Noam Chomsky.) *Offizielle Programme* sind frei erfunden und dienen nur dazu, der Öffentlichkeit präsentiert zu werden. Sie sind voll von wohltönenden Begriffen wie Demokratie und Freiheit. *Operative Programme* enthalten dagegen die tatsächliche Politik der Regierung, die jedoch vor der Öffentlichkeit geheimgehalten werden muß, weil sie allgemein anerkannte Werte verletzt und daher die Bevölkerung gegen die Regierung aufbringen würde. So wurde z.B. nach dem Boland-Amendement 1984 der US-Regierung untersagt, die nicaraguanischen *Contras* zu unterstützen, und die Reagan Regierung verkündete lauthals ihre *offizielle* Politik, den Contras keine Hilfeleistungen zu gewähren. Dann kam durch die Irangate-Affäre die *operative* Politik an die Öffentlichkeit, nämlich daß die Regierung, unter Federführung von Oliver North und dem Nationalen Sicherheitsrat unter der Hand massive verdeckte Unterstützung an die Contras geleistet hat.

Die Strategie der Bewegung

Das Ziel der Bewegung ist es aufzuklären, immer größere Teile der Bevölkerung auf ihre Seite zu bringen und sie zum Handeln zu bewegen, um eine gesellschaft-

liche Veränderung herbeizuführen.

Um dies Ziel zu erreichen, müssen sich die Bewegungen auf grundsätzliche menschliche und kulturelle Werte, Symbole, Empfindungen und Traditionen der breiten Öffentlichkeit beziehen. Das sind z.B. Freiheit, Demokratie, Gerechtigkeit und Menschenrechte (aber nicht solche kulturellen Werte, mit denen wir nicht übereinstimmen, z.B. die Monroe-Doktrin, die besagt, daß die USA das Recht haben, über Lateinamerika zu bestimmen). Nur indem die Öffentlichkeit davon überzeugt wird, daß die Bewegung diese gemeinsamen Werte schützt und aufrecht erhält, wohingegen die Regierung sie mißachtet, kann die Bevölkerung auf die Seite der Opposition gebracht und zum Handeln animiert werden. Das Gegenteil geschieht, wenn Aktionen und Haltungen gesellschaftliche Werte und Empfindungen verletzen, z.B. durch Gewalttätigkeiten oder rebellierendes Macho-Gehabe; beides bewirkt, daß sich die Öffentlichkeit und auch viele AktivistInnen gegen die Bewegung stellen.

Die Strategie der Bewegung muß — entsprechend den Vorgehensweisen der Herrschenden — folgendes erreichen:

* Die Öffentlichkeit muß erkennen, daß durch die gesellschaftlichen Umstände und durch die Herrschenden öffentliche Interessen, Werte und Traditionen verletzt werden. Das schließt auch ein, über die Unterschiede von offizieller und operativer Politik aufzuklären.
* Problemfelder und moralische Verletzungen werden ins Rampenlicht gestellt und auf die gesellschaftliche Tagesordnung unter die Kategorie „umstrittene Punkten" gesetzt.
* Die Angelegenheiten und die Politik der Herrschenden muß immer wieder zum Thema gemacht werden, so daß über die Frage „Unterstützung der Contras" eher im Kongress entschieden wird, als daß der CIA sich still und heimlich der Sache annimmt.
* Den Mythen, Rechtfertigungen und Verleugnungsstrategien der Herrschenden muß entgegengewirkt werden.
* Die Schreckgespenster der Herrschenden werden verjagt. Z.B. widerlegten Tausende von amerikanischen „VolksdiplomatInnen", die die Sowjetunion besuchten, Reagans Märchen, daß alle SowjetbürgerInnen Monster aus dem „Reich des Bösen" seien.
* Immer größere Teile der Bevölkerung werden in die Programme, die die Politik der Herrschenden in Frage stellen und Alternativen aufzeigen, einbezogen.
* Es dürfen nicht zu früh zu viele Kompromisse geschlossen werden.
* Nachdem Großteile der öffentlichen Meinung gewonnen sind, sollte eine „Endspiel"-Strategie verfolgt werden, die die Bevölkerung und Institutionen dazu aufruft, ungeachtet der entschiedenen Opposition der herrschenden Führungseliten, gesellschaftliche Veränderungen herbeizuführen.
* Hauptzweck der Organisationsstrukturen und wichtigste Aufgabe der FunktionärInnen, besonders auf nationaler und regionaler Ebene, ist es, die Graswurzel-AktivistInnen in ihrer Arbeit vor Ort zu unterstützen und bewegungsintern basisdemokratische Entscheidungsstrukturen zu fördern.

Phase Eins: Normale Zeiten

In der ersten Phase — den normalen Zeiten — gibt es massenhaft Umstände, durch die aufs gröbste allgemein anerkannte Werte wie Freiheit, Demokratie, Sicherheit und Gerechtigkeit und allgemeine Interessen der Gesellschaft mißachtet werden. Ja, diese Umstände werden sogar bewußt von den politischen und privaten Herrschenden und einer breiten öffentlichen Meinung aufrechterhalten. Bis jetzt sind diese Mißachtungen von Werten, Gefühlen und Interessen der Gesamtgesellschaft noch relativ unbeachtet geblieben. Sie stehen weder im Rampenlicht der Öffentlichkeit noch sind sie auf der Liste der politisch umstrittenen Punkte der Gesellschaft. Normale Zeiten sind politisch ruhige Zeiten.

In der Vergangenheit ereigneten sich in den sogenannten „normalen Zeiten" z.B. die Verletzungen der Schwarzen vor 1960, der Vietnamkrieg vor 1967, die US-Intervention in Mittelamerika und die Unterstützung für Marcos, Duvalier und der Apartheitspolitik vor 1985.

STAGNATION
Es ist eine Zeit des Stillstands und des Niedergangs. Die politische und gesellschaftliche Umwelt ist korrupt. Ansichten und Ideen von Menschen mit Prinzipien begegnet man mit Apathie oder Ablehnung, aber diese sollten ihren Prinzipien treu bleiben.

Opposition

Die Opposition gegen diese Umstände und diese Politik ist klein und wird eher belächelt als unterstützt. Ihre Anstrengungen sind daher nicht gerade von Erfolg gekrönt. Es gibt drei verschiedene oppositionelle Strömungen:
— Professionelle oppositionelle Organisationen (POOs),
— ideologische oder prinzipielle Dissidentengruppen,
— vom Problem direkt betroffene Basisgruppen.
Die erste Gruppe, die der *professionellen oppositionellen Organisationen (POOs)*, umfaßt offizielle zentralisierte Organisationen, oft mit einem Büro in Wasington, D.C., die versuchen, realistische Reformen durch die traditionellen politischen Kanäle, durch Wahlen, den Kongress oder die Gerichte durchzusetzen. Sie sind hierarchisch aufgebaut, haben einen Vorstand, eine Menge Personal und eine große Mitgliedschaft, die das Programm ausführt, das auf nationaler Ebene entschieden wurde. Ihre Anstrengungen haben nur wenig Erfolg, da sie nicht über die entsprechende Resonanz in der Öffentlichkeit verfügen, die für Veränderungen notwendig wäre.

Die *prizipiellen Dissidentengruppen* veranstalten gewaltfreie Demonstrationen, Versammlungen, Mahnwachen und gelegentlich auch Aktionen zivilen Ungehorsams. Die Gruppen sind in der Regel recht klein, wenig beachtet und bezüglich ihrer Forderungen nicht sehr erfolgreich. Durch ihre symbolischen Aktionen sind sie jedoch ein moralischer Lichtblick in der Dunkelheit.

Die *Graswurzelgruppen,* d.h. die vom Problem direkt Betroffenen, setzen sich aus ortsansässigen BürgerInnen zusammen, die mit der augenblicklichen Situation unzufrieden sind, aber noch nicht die Unterstützung breiter Bevölkerungsschichten erhalten. Sie vertreten die Sicht der Betroffenen in der Öffentlichkeit, organisieren direkte Hilfen für Betroffene und führen ähnliche Kampagnen wie die anderen oppositionellen Gruppierungen durch.

Die Herrschenden

Die Herrschenden fördern oft Programme, die den Interessen der Privilegierten und Mächtigen der Gesellschaft dienen, die jedoch die Interessen und Werte der Gesellschaft als Ganzes verletzen. Die Herrschenden können diese Programme aufrechterhalten, indem sie sie aus dem öffentlichen Rampenlicht und den gesellschaftlich umstrittenen Themen heraushalten. Sie müssen diese Angelegenheiten vor der Öffentlichkeit geheimhalten, da sie wissen, daß diese empört reagieren und Änderungen verlangen würde, wenn sie die Wahrheit erführe. Dies alles funktioniert so gut wegen der zweigleisigen Strategie, die sie fahren. Einerseits verkünden sie ihre *offiziellen Grundsätze und Programme,* die den gesellschaftlich anerkannten Werten und Interessen entsprechen. Andererseits ziehen sie hinter dem Rücken der Öffentlichkeit ihre wirklichen oder *operativen Grundsätze und Programme* durch.

Die Öffentlichkeit

Ein politischer und sozialer Konsens unterstützt die offizielle Politik der Herrschenden und den Status quo, da der Öffentlichkeit nicht bewußt ist, daß die Regierung sich in Wirklichkeit entsprechend ihrer genau gegensätzlichen operativen Grundsätze und Programme verhält. Folglich ist sich die Bevölkerung nicht darüber im klaren, daß die sozialen Verhältnisse und die öffentlichen Programme ihre Werte und Interessen verletzen; oder wenn sie davon wissen, glauben sie den Rechtfertigungen, warum sie nicht geändert werden können oder dem Schutz einer höheren Sache oder höherer Werte dienen. Das Ergebnis ist, daß die Öffentlichkeit sich nicht bewußt ist, daß ein ernstes Problem existiert. Wahrscheinlich sind es nur 10-15% der Bevölkerung, die die Politik der Herrschenden nicht billigen.

Ziele

Die Ziele dieser ersten Phase sind:
* zu zeigen, daß es ein ernstes Problem gibt;
* eine aktive Opposition zu unterhalten, egal wie schwach sie ist;

* zu den nächsten Phasen überzugehen.

Gefahren

Die Hauptgefahr ist, aus politischer Naivität unendlich lang in „normalen Zeiten" stecken zu bleiben. Das könnte passieren, wenn wir die Realitäten des politischen oder sozialen Lebens nicht kennen und uns zu machtlos fühlen, Veränderungen herbeizuführen.

Schlußfolgerungen

Normale Zeiten sind politisch ruhige Zeiten, da die Herrschenden es verstehen, ihre offiziellen Grundsätze und Programme herauszustellen und ihre wirkliche, operative Politik im Geheimen zu verfolgen. So halten sie ihre wahre Politik aus dem Rampenlicht der Öffentlichkeit. Die Opposition fühlt sich hoffnungslos, da die Situation sich unbegrenzt fortzusetzen scheint und sie keine Chance für Veränderungen sieht. Doch unter der ruhigen Oberfläche steckt in den Gegensätzen zwischen den gesellschaftlichen Werten und der aktuellen Politik der Herrschenden der Samen für eine weitverbreitete Unzufriedenheit, die drastische Veränderungen bewirken kann.

Fallbeispiel: Die amerikanische Anti-AKW-Bewegung
Phase Eins: Von den 40er bis zu den 60er Jahren

In den 40er Jahren drängte die amerikanische Regierung in das Zeitalter der Nuklearwaffen, um ihre neue Rolle als beherrschende Weltmacht einzunehmen. Einige Jahre später begann dann die Ära der zivilen Nutzung der Atomenergie. Obwohl eifrig die Werbetrommeln gerührt wurden, um die „friedliche Nutzung der Atomenergie" darzustellen, gab es quasi keine öffentliche Diskussion und Aussprache bezüglich der Vorzüge dieser neuen Energiepolitik. Die Öffentlichkeit hörte lediglich die offizielle Version, daß die Atomenergie ein modernes Wunder darstellte. Sie könnte uns mit sauberem, sicherem und unbegrenztem Strom versorgen, der praktisch nichts koste.

Auf der anderen Seite hatte der gesamte Regierungsapparat alle Hände voll zu tun, die notwendige rechtliche, finanzielle und entwicklungstechnische Unterstützung zu organisieren, um der Atomenergie den Weg zu ebnen. Zur gleichen Zeit wurden alle Informationen darüber, daß die Atomenergie gefährlich, dreckig, unglaublich teuer, unnötig und begrenzt ist, unterdrückt. Der Unfall von 1966 im Atomreaktor Fermi bei Detroit, der dem späteren Unfall in Three Mile Island ähnlich war, wurde der Öffenlichkeit vorenthalten.

Die Atomenergiekommission (AEC) war die offizielle Aufsichtsbehörde der Regierung, die das Wohl der Öffentlichkeit im Auge haben sollte. In Wirklichkeit förderte sie die Atomenergie um jeden Preis, scherte sich weder um Gesetze und Vorschriften noch um Kosten und Sicherheit und unterdrückte jegliche Opposition. Dennoch gelang es der öffentlichen Opposition einige der wahnwitzigsten Pläne zu stoppen, so z.B. die Lagerung von Atommüll in Cape Cod und ein Atomkraftwerk in Queens. Außerdem konnte mittels eines Volksentscheids ein AKW in Eugene, Oregon, verhindert werden.

Es bestand ein breiter gesellschaftlicher Konsens, der die Träume der Herrschenden von einer leuchtenden Zukunft der Atomenergie unterstützte. Atomenergie war kein gesellschaftlich umstrittenes Thema, da die Öffentlichkeit ihre Informationen hauptsächlich von offizieller Seite erhielt.

Phase Zwei: Das Versagen der Institutionen nachweisen

Wenn die Öffentlichkeit merkt, daß die Regierung mit ihrer Politik gesellschaftliche Werte mißachtet und das in sie gesetzte Vertrauen mißbraucht, können sich Meinungen, Ärger und eine entsprechende Atmosphäre in der Öffentlichkeit entwickeln, die zum Aufbau von sozialen Bewegungen nötig sind. Der Ärger der Öffentlichkeit wird besonders groß, wenn offizielle Behörden das Vertrauen mißbrauchen, indem sie ihre Amtsgewalt dafür einsetzen, die Öffentlichkeit zu hintergehen und unfair und gesetzwidrig zu regieren. Hannah Arendt schrieb, daß „Menschen eher durch die Enthüllung von Heuchelei als durch die bestehenden Verhältnisse zum Handeln motiviert werden". Das zeigte sich deutlich durch die dramatische Wende der öffentlichen Meinung in den USA, nachdem durch Irangate offenbar wurde, daß Präsident Reagen, statt entsprechend seiner offiziellen Politik zu handeln und den weltweiten Kampf gegen den Terrorismus anzuführen, in Wirklichkeit gemäß seines operativen Programms handelte und mit Terroristen kooperierte, Geschäfte machte und sie unterstützte.

SCHWIERIGE ANFÄNGE
Alle neuen Unternehmen bringen anfangs einige Verwirrung mit sich, denn wir betreten unbekannten Boden. Es ist unsere Pflicht zu handeln, auch wenn uns noch die nötige Kraft fehlt. Wir müssen den ersten Schritt tun.

Opposition

Die Opposition muß beweisen, daß es ein Problem gibt, und daß die Herrschenden und die Institutionen das Fortbestehen des Problems betreiben. Um das zu erreichen, muß die Opposition
* Untersuchungen anstellen, um zu beweisen, daß ein Problem besteht, durch das soziale Werte und Einstellungen verletzt werden;
* beweisen, daß die offiziellen Grundsätze und Programme von Regierung und Institutionen gesellschaftliche Werte und öffentliches Vertrauen verletzen. Das sollte nicht nur durch Untersuchen der Tatsachen geschehen, sondern ebenso dadurch, daß versucht wird, jeden möglichen Weg der demokratischen Einflußnahme auf gesellschaftliche Programme und Entscheidungen zu gehen und aufzuzeigen, daß sie nicht funktionieren;
* auf jeder möglichen Ebene der bürokratischen Maschinerie, der lokalen, der Landes- und der Bundesebene Beweise vorlegen, Einwände erheben und Beschwerden einlegen, und zwar bei allen privaten und öffentlichen Stellen, die für BürgerInnenbeteiligung und Rechtshilfe offen sein sollen;
* beweisen, daß die Anhörungen reine „Alibiveranstaltungen" sind. Wenden Sie sich an alle Entscheidungsträger, egal ob Sie dort willkommen sind oder nicht.

* Klagen bei den Gerichten einreichen;
* Ihr Anliegen den Stadträten, den Landesversammlungen und dem nationalen Kongress vortragen. Diese Kampagnen werden in der Regel unter der Schirmherrschaft der professionellen oppositionellen Organisationen (POOs) durchgeführt.

In dieser Phase dürfen noch keine Erfolge erwartet werden. Es geht nicht vorrangig darum, das Verfahren zu gewinnen, sondern zu beweisen, daß die Herrschenden das demokratische System außer Kraft setzen. Vielleicht können jedoch auch einige dieser Fälle gewonnen werden. Das hätte natürlich eine sehr positive Auswirkung auf die Entwicklung der Bewegung und der angestrebten Veränderungen. So hatte z.B. nach 20 Jahren voller Gerichtsverfahren der Rechtshilfefond der NAACP (National Association for the Advancement of Coloured People, Nationale Vereinigung für den Fortschritt Farbiger Menschen) seinen Rechtsstreit Brown gegen die USA 1954 vor dem Obersten Gerichtshof gewonnen. Es wurde grundsätzlich festgestellt, daß das rassendiskriminierende Prinzip „getrennt aber gleichberechtigt" nicht länger mit den Landesgesetzen vereinbar sei. Dieses Urteil wurde zur Rechtsgrundlage der Bürgerrechtsbewegung.

Die Herrschenden

Die Herrschenden bekämpfen die Opposition auf den üblichen Wegen und haben dort in der Regel leichtes Spiel. Derweil setzen sie ihre operativen Programme fort. Die Herrschenden fühlen sich weder besonders bedroht noch betroffen und gedenken die Angelegenheit auf dem Verwaltungsweg zu regeln, statt darin eine Vertrauenskrise oder einen Machtkampf zu sehen. Sie bedienen sich der Massenmedien, um ihre offizielle Politik zu verkünden, während sie unter der Hand ihre wirklichen Ziele verfolgen. So können sie die potentielle Problematik aus dem Bewußtsein der Leute, aus dem Rampenlicht der Öffentlichkeit und den Tagesthemen heraushalten.

Die Öffentlichkeit

Die öffentliche Meinung und der gesellschaftliche Konsens sind weiterhin wertvolle Stützen der offiziellen Regierungspolitik und des Status quo. Am Bewußtsein der breiten Öffentlichkeit hat sich noch nicht viel verändert. Und doch können schon diese sich leicht verändernden Zustände und die langsam wachsende Gegenbewegung einen Zuwachs der öffentlichen Gegnerschaft gegen diese Politik von 10 bis 20 % bewirken. Mit Ausnahme von gelegentlichen Berichten über Aktivitäten der Gegenbewegung ist das Problem weder im Rampenlicht der Öffentlichkeit noch auf der Liste der heißumstrittenen Themen.

Ziele

* Stellen Sie das Problem einschließlich der Rolle der Herrschenden dar.
* Dokumentieren Sie die Versuche von BürgerInnen, die üblichen Verfahren von Mitbestimmung zu nutzen und beweisen Sie, daß sie nicht funktionieren.
* Machen Sie sich sachkundig.
* Bilden Sie kleine oppositionelle Organisationen.

Gefahren

* Man darf nicht dem Glauben verfallen, daß die POO's die Angelegenheit mittels der traditionellen Institutionen und Methoden schon in den Griff kriegen. Es ist nötig, einen neuen gesellschaftlichen Konsens zu entwickeln, viele unabhängige Basisgruppen zu mobilisieren und sich auf einen langen Kampf einzustellen, bei dem außerparlamentarische gewaltfreie Aktionen zur Anwendung kommen, um das gegenwärtige Machtgefälle zu verändern.
* Sich weiterhin macht- und hoffnungslos fühlen.

Schlußfolgerung

Diese Phase kann besonders entmutigend sein. Das Problem und die Politik der Herrschenden besteht quasi unvermindert. Die Opposition ist klein, die Publicity gering und es scheint, als würde sich die Situation überhaupt nicht mehr ändern − was auch durchaus passieren könnte. Aber die Anstrengungen können letztendlich dazu dienen, zu beweisen, daß der Kaiser keine Kleider trägt, was eine Voraussetzung für jede zukünftige soziale Bewegung ist. Nichtsdestoweniger ist dies eine Phase für Leute, die unerschrocken und selbstbewußt sind und die nicht locker lassen.

Fallbeispiel: Die amerikanische Anti-AKW-Bewegung
Phase Zwei: 1970 bis 1974

Das Zeitalter der Atomenergie entwickelte sich seit Anfang der 70er Jahre erschreckend schnell. Mehr als 25 neue Reaktoren wurden jedes Jahr bestellt. Bis Ende 1974 gab es 52 AKWs in Betrieb und die Gesamtzahl der laufenden, im Bau befindlichen oder bestellten Reaktoren erhöhte sich auf 260.

Es sah so aus, als ob sich das nukleare Zeitalter durchsetzen und das Ziel der Regierung, bis zum Jahr 2000 insgesamt 1000 AKWs in Betrieb zu haben, erreicht würde. Es bestand ein eindeutiger gesellschaftlicher und politischer Konsens bezüglich der Förderung der Atomprogramme und ihrer Zielsetzungen. Laufend kamen neue Aufträge für Reaktoren herein und die Probleme bezüglich der Atomenergie konnten aus dem Rampenlicht der Öffentlichkeit und von der Liste der gesellschaftlich heiß umstrittenen Punkte gehalten werden.

Es gab jedoch auch einen ziemlichen Zuwachs an BürgerInnenopposition, die jedoch insgesamt noch relativ klein und unbeachtet war. Es bildeten sich unabhängige Basisgruppen von BürgerInnen in der näheren Umgebung vieler neuer AKW-Gelände. In ausführlichen und mühsamen AEC-Anhörungen für die Genehmigungsverfahren, die sowohl vor Ort als auch am Sitz der Zentralregierung durchgeführt wurden, stellten sie den Bau neuer AKW's immer wieder in Frage. Obwohl diese Anstrengungen letztendlich aussichtslos waren, konnten sie doch dadurch belegen, daß die AEC-Anhörungen Scheinveranstaltungen waren. Sie konnten die immensen negativen Aspekte der Atomenergie dokumentieren und ortsansässige BürgerInnen zu Fachleuten schulen. Die Anhörungen wurden vor Ort an den AKW-Baustellen abgehalten, und es gab landesweite BürgerInnenveranstaltungen. Obwohl in den meisten Fällen gegen die Initiativen entschieden wurde, dienten diese Verfahren dazu, die Öffentlichkeit aufzuklären und eine Gegenbewegung zu bilden.

Die breite Öffentlichkeit stand immer noch hinter der Atomenergie und war sich nur wenig der damit verbundenen Probleme bewußt. Und doch entwickelte sich die öffentliche Meinung zu 20-30% gegen die Atomenergie, was Volksbefragungen zeigten.

Phase Drei: Reifende Bedingungen

Für den Start einer neuen Bewegung sind gewisse Voraussetzungen nötig, die sich über viele Jahre entwickeln. Dazu gehören u.a.: entsprechende historische Bedingungen, ein immer größer werdender Bevölkerungsanteil von unzufriedenen Betroffenen und Verbündeten und eine angehende autonome, oppositionelle Basisbewegung, was alles die Unzufriedenheit mit den gegenwärtigen Umständen fördert und die Erwartung schürt, daß Veränderung möglich ist und auch die notwendigen Mittel dazu bereitstellt.

Die *historischen Kräfte* sind gewöhnlich Langzeitentwicklungen und Ereignisse, die das Problem verschlimmern, Teile der Bevölkerung verärgern, Erwartungen schüren, neuen Aktivitäten den Weg bahnen und das Problem personifizieren. Sie entziehen sich in der Regel der Steuerung durch die etablierte Opposition. So bestand z.B. der historische Kontext, der die 60er Jahre reif für die schwarze Bürgerrechtsbewegung machte, in
- der Entstehung von unabhängigen schwarzafrikanischen Staaten,
- der massiven Abwanderung von Schwarzen in den Norden, die ihre Verbindungen in den Süden mit seiner Rassentrennung behielten,
- dem Anwachsen der schwarzen Bevölkerung unter den College Studenten und
- dem Präzedenzfall des Obersten Gerichtshofes von 1954, Brown gegen die Vereinigten Staaten, der die gesetzliche Grundlage für volle Bürgerrechte lieferte.

SAMMLUNG
Dies ist eine Zeit, Menschen in Gemeinschaften zu sammeln. Starke Bindungen müssen durch das Befolgen entsprechender moralischer Grundsätze unterhalten werden. Nur eine gemeinsame moralische Kraft kann die Welt vereinen.

Opposition

Ein unerwarteter und überwältigender Reifeprozess ereignet sich in der Oppositionsbewegung.
* Es bedarf einer *wachsenden Bewußtheit und Unzufriedenheit in der Bevölkerungsgruppe der Betroffenen und ihrer Verbündeten*. Sie müssen erkennen, wie ernst das Problem ist, daß Werte verletzt werden, wie sie betroffen sind und wie die Herrschenden und Institutionen rechtswidrig beteiligt sind. Diese Unzufriedenheit kann hervorgerufen werden durch:
1. eine angenommene oder tatsächliche Verschlechterung der Verhältnisse, die viele neue Betroffene mit sich bringt, wie z.B. in den 70er Jahren, als Hunderte von neuen AKWs Millionen von AmerikanerInnen empörten, die in der unmittelbaren Nähe wohnten;

2. steigende Erwartungen, wie z.B. bei der neuen Welle von schwarzen College-
   studentInnen, die sich als gleichberechtigte BürgerInnen fühlten, denen
   jedoch das grundlegendste Bürgerrecht, im örtlichen Restaurant bedient zu
   werden, vorenthalten wurde;
3. Personifizierung des Problems; Probleme werden durch die Erfahrung konkreter Opfer (z.B die vier Nonnen, die 1980 in El Salvador umgebracht
   wurden) greifbar gemacht.

* Die wachsende Zahl neuer unzufriedener Leute an vielen Stellen, über das
  ganze Land verstreut, organisieren sich unauffällig in neuen, unabhängigen
  Basisgruppen, *„einer neuen Welle" von Graswurzel-Opposition,* die von den
  etablierten POOs unabhängig ist. Diese Gruppen sind schon bald von den
  offiziellen Institutionen, ihren Arbeitsweisen und Machteliten frustriert,
  wenn sie merken, daß diese total auf Unterstützung des Status quo getrimmt
  sind; und sie werden verärgert sein über einige der etablierten POO's, die
  sich immer wieder in ihren Auseinandersetzungen mit den Herrschenden in
  Sackgassen verirren.
* Kleine örtlich begrenzte *Auftakt-Demonstrationen* und Kampagnen zivilen
  Ungehorsams fangen an, den Konflikt zu dramatisieren, ihn ein bißchen ins
  Licht der Öffentlichkeit zu rücken und so einen Vorgeschmack auf zukünf-
  tige Aktionen zu geben.
* *Einige Schlüsselpersonen* stehen der neuen lokalen Opposition beratend zur
  Seite und versorgen sie mit Informationen, Ideologien, Training, Vernet-
  zungen, Hoffnung und der Vision von einer wachsenden Opposition.
* Es sollte die Chance genutzt werden, bereits *bestehende Gruppen und Netzwerke,* die für eine neue Bewegung Unterstützung, Solidarität und Mitglieder bieten können, in die Bewegung einzubinden. Die Bewegung gegen die
  Intervention (in Mittelamerika) hatte z.B. die Unterstützung sowohl von
  kirchlichen Netzwerken, die über vielfältige Erfahrungen in Mittelamerika
  verfügten als auch von AktivistInnen aus der Anti-AKW-Bewegung und
  Anti-Atomwaffen Bewegung, die beide ihre Anlaufphase abgeschlossen
  hatten.

Die Herrschenden

Wenn auch leicht irritiert, sind die Herrschenden ihrer Sache doch relativ
sicher. Sie sind der Überzeugung, daß sie die Opposition auf den üblichen
Wegen allein mit den politischen und sozialen Institutionen und den Medien
unter Kontrolle halten können. Die Öffentlichkeit glaubt immer noch an die
offiziellen Programme und stellt sie nicht in Frage. Dagegen bleibt die wirkliche operative Politik weiterhin im Dunkeln.

Die Öffentlichkeit

Die Regierungspolitik kan sich immer noch auf einen breiten gesellschaftlichen Konsens berufen, eine kritische Auseinandersetzung mit dem Problem steht nicht an. Doch wächst die Betroffenheit in der Bevölkerung, die Unzufriedenheit breitet sich aus und die Opposition wird, hauptsächlich auf örtlicher Ebene, stärker. Die Bevölkerung ist jetzt zu 30% gegen die momentane Regierungspolitik eingestellt, auch wenn die Angelegenheit noch nicht in aller Breite diskutiert wird.

Ziele

Ziel dieser Phase ist, die gesellschaftlichen Bedingungen für einen Start der Bewegung vorzubereiten. Das bedeutet im Einzelnen:
* Erkennen Sie die historischen Bedingungen, die sich unterstützend auf die neue Bewegung auswirken können.
* Bilden Sie neue Gruppen. Wichtig ist jetzt die Entwicklung neuer Netzwerke und Koordinationsgruppen und die Aneignung von Fachwissen. Diese Faktoren sind wichtig, um die Bewegung in die richtigen Bahnen zu lenken.
* Motivieren Sie bereits bestehende Netzwerke zur Mitarbeit und binden Sie sie in die Bewegung ein.
* Personifizieren Sie das Problem.
* Organisieren Sie erste vorbildhafte, kleine gewaltfreie Aktionen.

Gefahren

Die größten Gefahren in dieser Phase sind:
* nicht zu erkennen, wie sich die Bedingungen für eine neue soziale Bewegung entwickeln;
* daß Kreativität, Unabhängigkeit, gewaltfreie Methoden und Spontanität der neuen Basisgruppen durch Bürokratie, Legalismus und Zentralismus der POOs verdrängt werden.

Schlußfolgerungen

Wir befinden uns kurz vor dem Entstehen einer neuen sozialen Bewegung. Es existiert ein gesellschaftliches Problem, das sich zusehens verschlimmert. Die Rolle der Herrschenden ist offengelegt, die Zahl der Betroffenen und die allgemeine Unzufriedenheit wächst. Die historischen Bedingungen, die bereits bestehenden Netzwerke und eine Welle neuer Basisgruppen schaffen eine günstige gesellschaftliche Situation. Und doch ahnt niemand, weder die Öffentlichkeit noch die Herrschenden oder gar die AktivistInnen, daß eine neue soziale Bewegung im Entstehen ist.

Fallbeispiel: Die amerikanische Anti-AKW-Bewegung
Phase Drei: 1975 bis 1976

Die Zeiten für den Start einer neuen sozialen Bewegung reifen heran. Viele Millionen amerikanischer BürgerInnen, die innerhalb eines 50-Meilen-Umkreis eines neuen Reaktors leben, registrierten die Kostenexplosion und wurden sich bewußt, daß die Gefahren der Atomenergie sie persönlich betrafen. Die lokalen oppositionellen Basisgruppen hatten einen regen Zulauf und wurden immer frustrierter, als sie sahen, wie die offizielle Regierungsbehörde, die AEC, wiederholt ihre eigenen Regeln verletzte und in ihrer Unterstützung des Atomprogramms wichtige Interessen der BürgerInnen einfach ignorierte. Die steigende Zahl neuer örtlicher Initiativen entwickelte sich langsam zu einer gewaltigen Welle der Opposition.

Die Opposition organisierte 1976 landesweite Volkbefragungen und obwohl sie in sieben von acht Staaten verloren, diente das Verfahren doch der Aufklärung der Bevölkerung und der Anregung öffentlicher Diskussionen. Darüberhinaus wurde die Volksbefragung in Missouri mit einer 2/3-Mehrheit gewonnen. Das war ein herber Schlag für die Atomindustrie, weil dadurch das CWIP-Landesgesetz außer Kraft gesetzt wurde, das den Elektrizitätsunternehmen erlaubt hatte, die Baukosten für die AKWs von den SteuerzahlerInnen in ihren monatlichen Elektrizitätsrechnungen bezahlen zu lassen. Die Bewegung begann daraufhin in den meisten Staaten auf derartige Gesetzesveränderungen zu drängen und nahm den Energieversorgungsunternehmen damit ihre Haupteinnahmequelle, aus der sie Hunderte von neuzubauenden Reaktoren bezahlen wollten.

Folgende Punkte beeinflußten die positiven Entwicklungen:

* 1975 endete der Vietnamkrieg. Dadurch konnten sich AntimilitaristInnen mit ihren Organisationsstrukturen der neuen Bewegung widmen.
* Die politische Erfahrung mit der Bauplatzbesetzung in Whyl in West-Deutschland, an der sich etwa 25.000 BürgerInnen beteiligten, wirkte inspirierend bei der Entwicklung neuer Methoden des gewaltfreien Widerstands.
* Im Frühjahr 1976 entschied die AEC nach einem lokalen Anhörungsverfahren, entgegen massiver rechtlicher Bedenken, für das AKW Seabrook, New Hampshire die Baugenehmigung zu erteilen. Einige Wochen später fand die erste gewaltfreie Bauplatzbesetzung der Clamshell Allianz statt. Angeregt durch die hohe Beteiligung in Whyl kündigten sie eine Massenblockade für das Frühjahr '77 an.

Dennoch wurde weder in der Bewegung noch in der Öffentlichkeit besonders wahrgenommen, daß es nur sechs Neubestellungen und mehr als 20 Stornierungen von Reaktorbestellungen gab. Damit reduzierte sich die Gesamtzahl der laufenden oder in Bau befindlichen AKWs von 260 auf 237. Die Regierung reduzierte die Anzahl der bis zum Jahr 2000 angestrebten Reaktoren auf 500. Und doch hatten die AKW-GegnerInnen nur wenig Hoffnung, das Atomprogramm stoppen zu können. Die Regierung und die Energieversorgungsunternehmen verfolgten weiterhin die Strategie, die Vorzüge der Atomenergie zu preisen. In diesen zwei Jahren stieg die Gesamtzahl der in Betrieb befindlichen AKWs von 52 auf 62. Obwohl sich mittlerweile etwa 30% der Bevölkerung gegen AKWs aussprachen, war die Atomenergie insgesamt noch kein gesellschaftlich umstrittenes Thema.

Phase Vier: Der Start der Bewegung

Neue soziale Bewegungen überraschen, ja erschrecken jede/n, wenn sie plötzlich im Licht der Öffentlichkeit stehen, in den Abendnachrichten und in den Schlagzeilen der Tageszeitungen erscheinen. Von einem auf den anderen Tag wird ein bisher wenig wahrgenommenes gesellschaftliches Problem zu einer öffentlichen Angelegenheit, die in aller Munde ist. Gewöhnlich steht am Anfang eine dramatische Aktion, ein „Auslöser", der von den Medien hochgepuscht wird. Dann folgt eine gewaltfreie Kampagne mit Massenversammlungen und dramatischen Aktionen zivilen Ungehorsams. Recht bald werden diese von lokalen Initiativen im ganzen Land aufgegriffen und wiederholt.

Der *Auslöser* ist ein erschütterndes Ereignis, das der Öffentlichkeit auf dramatische Weise ein bestimmtes soziales Problem lebendig vor Augen führt. Solche Auslöser waren z.B.

- die Verhaftung der schwarzen Rosa Parks 1955 in Montgomery, die sich weigerte, aufgrund der Rassentrennung wie üblich im hinteren Teil des Busses Platz zu nehmen,
- die Verkündung des NATO-Doppelbeschlusses 1979, Pershing II und Cruise Missiles in Europa aufzustellen oder
- die Erschießung von Ninoy Aquino auf Geheiß der Marcos Regierung, als er 1983 auf dem Flughafen in Manila landete. Auslöser können bewußte Handlungen einzelner, der Regierungen oder der Opposition oder auch zufällige Ereignisse sein.

Wenn man der Öffentlichkeit schonungslos enthüllt, wie durch die Herrschenden und die sozialen Umstände allseits anerkannte gesellschaftliche Werte, Interessen der BürgerInnenschaft und öffentliches Vertrauen aufs gröbste mißachtet werden, kann es durch ein auslösendes Ereignis zu einer massiven moralischen Empörung in der Bevölkerung kommen. Sie reagiert entsprechend emotional, fordert Erklärungen von den Herrschenden und ist offen für weitere Informationen von Seiten der Opposition. Auch ist der Auslöser ein Signal für eine Reihe von Aktionen der oppositionellen Bewegung im ganzen Land.

KRITISCHE MASSE
Dies ist eine bedeutsame Zeit mit einem Übermaß an starken Elementen. Mutige Schritte zur Bewältigung einer Aufgabe, unternimmt man nicht mit Gewalt, sondern indem man wahre Bedeutung sucht, was immer auch geschehen mag. Erhaltet das Bündnis mit der Basis. Wie die Flut ist auch diese Phase nur von vorübergehender Dauer.

Die Opposition

Eine neue soziale Bewegung wird sich jedoch nur entwickeln, wenn die Opposition direkt nach dem auslösenden Ereignis eine Kampagne mit gewaltfreien Aktionen organisiert, die im ganzen Land Resonanz findet. Solch eine Kampagne hält das Problem im Licht der Öffentlichkeit und kann die Spannung auch über eine längere Zeit aufrechterhalten. Dieses Verfahren führt zu einer gesellschaftlichen Krise, die das Problem zu einer öffentlichen Angelegenheit macht. Dem Attentat auf Aquino folgte z.B. in der nächsten Woche ein Trauerzug in den Straßen Manilas, an dem trotz der Verbote durch das Marcosregime eine Million Menschen teilnahmen. Der NATO-Doppelbeschluß löste gigantische Protestdemonstrationen in vielen europäischen Hauptstädten aus. Der Erfolg gewaltfreier Kampagnen beruht auf *Soziodrama-Demonstrationen*. Soziodrama-Demonstrationen sind Demonstrationen, die

* spannend und lebendig sind;
* die TeilnehmerInnen befähigen, Schwachpunkte der herrschenden Politik anzugreifen;
* zeigen, welche Werte von den Herrschenden verletzt werden;
* der Bewegung unterstützend und beispielhaft gesellschaftliche Werte, Symbole, Mythen und Traditionen vor Augen führen;
* überall im Land in jeder Gemeinde zu wiederholen sind.

Man könnte sie auch *Dilemma-Demonstrationen* nennen, da die Herrschenden, wie immer sie auch reagieren, nur verlieren können. Wenn sie die DemonstrantInnen ignorieren, können sie ihre Politik nicht länger wie gewohnt still und heimlich fortsetzen. Verfolgen sie andererseits die DemonstrantInnen oder nehmen sie sie sogar fest, führt das in der Regel zu noch mehr Sympathie und Unterstützung für die Opposition.

Ein Beispiel: während der Sit-In-Kampagne der Bürgerrechtsbewegung setzten sich Schwarze in den Restaurants an die Theken, um zu essen. Wenn sie von wütenden Weißen angegriffen oder von der Polizei verhaftet wurden, regte sich die Bevölkerung darüber auf und solidarisierte sich mit den DemonstrantInnen. Wenn die Polizei gar nicht reagierte, mußten die Schwarzen entweder bedient werden oder sie hielten den ganzen Verkehr auf.

Vom Start einer neuen Bewegung kann man sprechen, wenn die gewaltfreien Aktionen an vielen Orten wiederholt werden. Den Demonstrationen in Manila folgten z.B. Demonstrationen überall auf den Philippinen. Die Besetzung von Seabrook 1977 hatte spontane Solidaritätsdemonstrationen überall im Land zur Folge und in wenigen Monaten bildeten sich Hunderte von neuen Basisgruppen gegen Atomenergie, die schon bald begannen, die AKWs in ihren Regionen zu besetzen.

Eine Menge neuer unabhängiger Aktionsgruppen werden überall aktiv. Sie bilden eine neue Welle von autonomen, dezentral organisierten Graswurzelgruppen, die mit den Methoden gewaltfreien Widerstandes arbeiten. Der Aufstieg der Bewegung ist das Verdienst von Tausenden von Leuten, die überall im Land spontane Aktionen durchführen und neue Protestgruppen bilden (oder alte Gruppen wiederbeleben). In der Regel haben diese Gruppen keine formale

Mitgliedschaft und wählen lockere Organisationsstrukturen, die basisdemokratische Entscheidungen ermöglichen. Zusammen bilden diese Gruppen die neue Welle der Bewegung, da sie eine neue Kraft darstellen und weder von den professionellen oppositionellen Organisationen noch von den ideologischen Dissidentengruppen abhängen.

Wie kommt es zum Start neuer sozialer Bewegungen? Einige Gründe dafür sind:

* In den vorherigen Phasen wurden die entsprechenden Bedingungen geschaffen.
* Die Öffentlichkeit wurde durch das auslösende Ereignis und die gewaltfreie Aktionskampagne aufmerksam und ist über die Widersprüche zwischen allgemein anerkannten Werten, den gesellschaftlichen Bedingungen und der Politik der Herrschenden empört.
* Die neue Bewegung konkurriert mit den Herrschenden um die Rolle, Hüter der gesellschaftlichen Werte und Symbole zu sein.
* Das neue soziale Klima weckt Hoffnungen und regt viele BürgerInnen zu Aktionen an.
* Die gewaltfreien Aktionen können überall aufgegriffen und wiederholt werden und bieten GraswurzelaktivistInnen die Möglichkeit, an einer Kampagne teilzunehmen, an deren Effektivität sie glauben können.
* Die Mitwirkung an der neuen Bewegung gibt dem Leben vieler Menschen einen neuen Sinn, weil sie dadurch Gelegenheit haben, ihre Überzeugungen, ihre Gefühle und ihre Spiritualität auszuleben.

Die Herrschenden

Die Herrschenden sind geschockt, aufgeregt und wütend. Ihnen wird bewußt, daß der Geist aus der Flasche ist. Sie haben die erste entscheidende Grundlage für die politische Kontrolle verloren: bestimmte Angelegenheiten aus dem Bewußtsein der Öffentlichkeit und von der gesellschaftlichen Tagesordnung fernzuhalten. Sie versuchen mit allen Mitteln, ihre Politik zu verteidigen und die neue Bewegung schlechtzumachen: Sie nennen sie radikal, unverantwortlich und sogar kommunistisch gesteuert. Während einige liberale Politiker die Ziele der Bewegung unterstützen, setzen die meisten Demokraten und Republikaner ihre Unterstützung für die herrschende Regierungspolitik fort.

Die Öffentlichkeit

Nach ca. ein bis zwei Jahren sprechen sich 30-50% der Bevölkerung gegen die Regierungspolitik aus, da sie zum ersten Mal Einblick in die operative Politik erhält und Gegenstimmen zu den Positionen der Herrschenden hört. Die Menschen sind betroffen und verärgert über die starken Gegensätze zwischen dem, was sie in den Nachrichten sehen und hören und was ihnen von den Politikern gesagt wird. Zum ersten Mal sehen sie jetzt die Unterschiede zwi-

schen der offiziellen und der operativen Politik. Die Bewegung und das auslösende Ereignis haben ihnen die Augen geöffnet.

Ziele

Das Hauptziel dieser Phase ist, daß die gesamte Gesellschaft das Problem
erkennt, darüber nachdenkt und anfängt zu handeln. Wenn die Bewegung in
Gang kommt, wird das Problem zu einem gesamtgesellschaftlichen Thema.
Die spezifischen Ziele sind:
* Schaffen Sie eine basisorientierte soziale Bewegung.
* Bringen Sie die Politik der Herrschenden ans Licht der Öffentlichkeit und
  setzen Sie sie auf die Liste der gesellschaftlich umstrittenen Themen.
* Schaffen Sie eine öffentliche Grundsatzerklärung für die Bewegung, um die
  Bevölkerung aufzuklären.
* Schaffen Sie einen öffentlichen Dissens in dieser Angelegenheit. Wenn der
  Bevölkerung laufend zwei gegensätzliche Sichtweisen der Angelegenheit
  dargestellt werden, wird sie gezwungen sein, sich mit dem Thema auseinan-
  derzusetzen.
* Bemühen Sie sich, die öffentliche Meinung und Sympathien zu gewinnen;
* Versuchen Sie, als legitime Opposition anerkannt zu werden;
* *Es ist* kein *Ziel dieser Phase, die Herrschenden dazu zu bewegen, ihre Mei-
  nung und ihre Programme zu ändern!*

Gefahren

Die Hauptgefahren dieser Phase sind:
* politische Naivität;
* Ausgebranntsein wegen Überarbeitung, Fortschritte nicht als solche zu erkennen, unrealistische Erwartungen bezüglich eines schnellen Erfolgs;
* arrogante Selbstgerechtigkeit und Radikalität.

Schlußfolgerungen

Die Startphase ist eine aufregende Zeit mit ihren auslösenden Ereignissen,
dramatischen Aktionen, ihrem Enthusiasmus, einer neuen sozialen Bewegung, öffentlichem Interesse, Krisen, großen Hoffnungen und einem starken
Engagement. Ein vorher wenig beachtetes Problem und die offizielle Politik
finden auf einmal allgemeine Beachtung. Innerhalb von zwei Jahren konnte
die Mehrheit der Bevölkerung auf die Seite der Opposition gebracht werden.
Aber die Startphase ist die kürzeste der acht Phasen. Wenn nach relativ kurzer
Zeit die Ziele dieser Phase erreicht sind, geht die Bewegung direkt zur Phase 6
über. Aber viele der AktivistInnen erkennen ihren Erfolg nicht. Stattdessen
glauben sie, daß ihre Bewegung versagt und alle ihre Anstrengungen vergeblich waren. Und so gelangen sie unweigerlich in die fünfte Phase.

Fallbeispiel: Die amerikanische Anti-AKW-Bewegung
Phase Vier: 1977 bis 1978

Die Opposition gegen Atomenergie entwickelte sich im Frühjahr 1977 zu einer sozialen Bewegung. Die Festnahme und ca. 2-wöchige Haft der 1414 Clamshell-AktivistInnen, die das Baugelände des AKW Seabrook besetzt hatten, dienten als Auslöser und brachten die Angelegenheit zwei Wochen lang weltweit in die Massenmedien. Noch während sich die TeilnehmerInnen in Haft befanden, fanden überall im Land Solidaritätskundgebungen statt. Bundesweite Medien interviewten täglich die Inhaftierten und boten ihnen so eine gute Möglichkeit, die Öffentlichkeit aufzukären und sich als legitime Opposition darzustellen. Darüberhinaus bewirkte die Seabrook-Aktion bis zum Ende des Jahres die Bildung vieler neuer lokaler Anti-AKW-Gruppen, die ähnliche Aktionen überall im Land veranstalteten. Daraus entwickelte sich schließlich eine neue Anti-AKW-Bewegung, die von einer Welle neuer, unabhängiger, lokaler Gruppen getragen wurde.

Bis 1978 fanden mehrere lokale und landesweite Volksentscheide statt. Der Bezirk Kern in Kalifornien widerrief die 1976 mit Zweidrittelmehrheit gefaßte Entscheidung und lehnte das AKW Wasco ab. New Hampshire stimmte gegen CWIP und besiegte den regierenden Gouverneur Thompson, einen entschiedenen Clampshell-Gegner. In der öffentlichen Meinung wuchs die Opposition gegen die Atomenergie auf etwa fünfzig Prozent.

Dagegen *hatte es den Anschein,* daß sich die Atomindustrie recht positiv entwickelte, stieg doch die Zahl der in Betrieb befindlichen AKWs auf 71. Aber es gab keine neuen Bestellungen und 21 Reaktorbaustellen wurden stillgelegt. Damit sank die Gesamtzahl der laufenden AKWs und der AKWs im Bau auf 195. Die Herrschenden unterstützten mit all ihren Mitteln das Atomprogramm, warnten davor, daß bald die Lichter ausgehen würden und Amerika an Stärke verlieren würde. Die neue Bewegung beschimpften sie als naiv, gewalttätig und antiamerikanisch.

Der Opposition gelang es, mittels gewaltfreier Aktionen eine neue soziale Bewegung ins Leben zu rufen. Sie wurde allgemein anerkannt, klärte die Bevölkerung auf und hielt die Diskussionen um die Nutzung der Atomernergie wach, um zu dokumentieren, daß es sich um eine gesellschaftlich umstrittene Frage handelte.

Phase Fünf: Identitätskrise und Machtlosigkeit

Nach ein oder zwei Jahren scheinen die großen Hoffnungen, die die Startphase der Bewegung begleiteten, fast unvermeidlich in Verzweiflung zu münden. Die meisten AktivistInnen glauben nicht länger, daß der Erfolg in greifbarer Nähe ist oder überhaupt eintreten wird. Sie nehmen an, daß die Herrschenden zu stark sind, ihre Bewegung versagt hat und alle Bemühungen umsonst waren. Vor allem überrascht die Tatsache, daß diese Identitätskrise und das Gefühl der Machtlosigkeit und des Versagens gerade dann eintritt, wenn die Bewegung immens erfolgreich ist, wenn alle Ziele der Startphase innerhalb der letzten zwei Jahre erzielt werden konnten. Diese Phase der Identitätskrise spielt sich parallel zu Phase sechs ab, da sich die Bewegung als Ganze im Stadium breiter Unterstützung befindet.

RÜCKZUG
Du leidest jetzt möglicherweise an einem inneren Konflikt, der auf der Unvereinbarkeit deiner Ideale und der Wirklichkeit beruht. Es ist Zeit dich zurückzuziehen und dich zu besinnen, um später weitermachen zu können. Rachegefühle und Haß könnten dein Urteilsvermögen trüben und den notwendigen Rückzug verhindern.

Opposition
Das vermeintliche Scheitern der Bewegung

Es gibt eine Reihe von Gründen, warum viele AktivistInnen glauben, daß sie versagt haben:
* *Die Bewegung hat ihre Ziele nicht erreicht.* Zwei Jahre harte Arbeit: Es gab große Demonstrationen, Aktionen zivilen Ungehorsams, Festnahmen, Gerichtsverfahren und Inhaftierungen. Die Massenmedien haben über das Problem berichtet und die Mehrheit der Bevölkerung konnte gewonnen werden. Und dennoch wurde nicht ein einziges der gesteckten Ziele erreicht. Die Regierung führt immer noch Krieg in Vietnam, stellt jeden Tag fünf neue Atomraketen fertig und unterstützt weiterhin die Contras. Das Problem besteht nicht darin, daß die Bewegung ihr Ziel verfehlt hat, sondern in der unrealistischen Erwartung, daß die Ziele in solch kurzer Zeit erreicht werden könnten. Es braucht seine Zeit — oft sind das Jahrzehnte, um in der großen Politik, gegen den erklärten Willen der Herrschenden, etwas zu verändern.

Anzunehmen, die Bewegung hat versagt, weil sie nach zwei Jahren ihre Ziele noch nicht erreicht hat, wäre genauso falsch, wie wenn Eltern ihre Tochter dafür kritisieren würden, daß sie nach zwei Jahren auf dem College noch nicht ihren Abschluß mit erstklassigen Noten gemacht hat. Vernünftige Eltern begehen solch einen Fehler nicht, da sie wissen, daß es vier Jahre Jahre dauert, um den Abschluß zu erreichen. Ebenso sollte die Bewegung nicht danach beurteilt werden, ob sie jetzt schon gewonnen hat, sondern danach, ob sie sich mit regelmäßigen Erfolgen weiterentwickelt.

* *Die Bewegung hatte keine „wirklichen" Siege.* Unter diesem Blickwinkel ist es unmöglich, die Fortschritte zu sehen, die die Bewegung auf einem recht erfolgreichen Weg gemacht hat: viele Basisgruppen haben sich zu einer neuen, starke sozialen Bewegung zusammengeschlossen; das Problem konnte ins Licht der Öffentlichkeit gebracht und die Mehrheit der Bevölkerung konnte für die Sache gewonnen werden. Es ist jedoch leider gerade für die Mitglieder der Bewegung schwer, kurzfristige Erfolge zu sehen und anzuerkennen. Durch ihr Engagement erfahren sie, wie umfassend das Problem ist. Sie lernen die Sorgen der Betroffenen kennen und merken, wie sehr die Herrschenden zusammenhalten. Die Intensität dieser Erfahrungen vergrößern die Hoffnungslosigkeit und den Unwillen, Erfolge bezüglich kurzfristiger Ziele anzuerkennen, solange die Sache im Ganzen noch nicht gewonnen ist. „Was macht es für einen Unterschied, wenn die Mehrheit der amerikanischen Bevölkerung und des Kongresses gegen eine Unterstützung der Contras sind, solange noch immer Menschen in Mittelamerika umgebracht werden." So oder ähnlich klingt es, wenn die Bewegung nur daran gemessen wird, ob sie ihr Endziel erreicht hat, und nicht berücksichtigt wird, ob es einen vernünftigen, stetigen Fortschritt gibt.

* *Die Herrschenden scheinen zu mächtig zu sein, haben sie doch weder ihre Einstellung noch ihre konkrete Politik geändert. Ähnlich wie trotzige Kinder propagieren sie ihre Programme lauter als je zuvor. Sie ignorieren den Protest der Bewegung völlig und tun so, als gebe es die Opposition, die mittlerweile schon die Hälfte der Bevölkerung umfaßt, überhaupt nicht.* Der Erfolg der Bewegung sollte in keinem Fall daran gemessen werden, inwieweit sich die Einstellung oder die Politik der Herrschenden verändert. Das geschieht erst ganz zum Schluß. Je länger die Öffentlichkeit beobachten kann, wie die Herrschenden anerkannte soziale Werte mißachten und die Meinung der Bevölkerungsmehrheit geringschätzen, desto höher wird der politische Preis sein, den sie dafür zu zahlen haben. Und wenn die Herrschenden immer wieder in der Öffentlichkeit ihre Politik beschwören, kann dies als Anzeichen dafür angesehen werden, daß ihr vorrangiges Ziel, nämlich die Anglegenheit aus dem Bewußtsein der Leute rauszuhalten, gescheitert ist. Je mehr zum Beispiel Präsident Botha die Apartheit in den internationalen Medien rechtfertigt und die Folgen dieser Politik deutlich werden, desto größer wird der weltweite Widerstand gegen die Apartheid.

* *Die Bewegung ist tot, weil sie nicht mehr so gut dasteht wie in der Startphase.* Das Bild, das die meisten Menschen von einer erfolgreichen sozialen Bewegung haben, ist das der Startphase: riesige Demonstrationen, Aktionen zivilen Ungehorsams, Beachtung in den Medien, immer wieder neue Höhepunkte und ereignisreiche Aktivitäten in der Öffentlichkeit. Aber dies kann immer nur eine kurze Zeit andauern. Bewegungen, die hier erfolgreich sind, werden schon bald zu der viel mächtigeren, wenn auch ruhigeren Phase der

massenhaften Unterstützung (die im nächsten Abschnitt vorgestellt wird) voranschreiten. Auch wenn es so aussieht, als ob die Bewegung kleiner und weniger effektiv wird, indem sie sich jetzt mehr regional als bundesweit orientiert und statt weiterhin Massenaktionen zu organisieren, lokale Basisinitiativen aufbaut, wächst sie doch gehörig an Größe und Einfluß. Die Macht der bundesweiten Gesamtbewegung beruht auf der Macht, die die einzelnen Basisgruppen innehaben.

* *Die Herrschenden und die Massenmedien berichten, daß die Bewegung tot, unwichtig oder überhaupt nicht vorhanden sei.* Die Herrschenden und die Massenmedien beschränken sich nicht darauf zu behaupten, daß die Bewegung versagt habe, sondern dementieren, daß es überhaupt eine breite Massenbewegung gibt. Großdemonstrationen und breite, öffentliche Opposition werden lediglich als „nostalgische Erinnerung an die 60er Jahre" ausgegeben, um zu vertuschen, daß es sich um eine Bewegung handelt, die an Umfang und Wichtigkeit durchaus mit denen der 60er Jahre vergleichbar ist. Und wenn Bewegungen erfolgreich sind, wird der Erfolg nicht ihnen angerechnet. So ist z.B. das Ende der Atomenergie nach ihrer Aussage bedingt durch Kostenexplosion, hohe Zinssätze, Sicherheitsrisiken, Tschernobyl und Three Mile Island und nicht durch *Macht von unten.*

Abgekämpft und ausgepowert

Gegen Ende der Startphase sind viele AktivistInnen abgekämpft und ausgepowert. Zwei Jahre lang waren sie quasi rund um die Uhr im Stress und haben viele persönliche Opfer gebracht. Jetzt sind sie geistig und körperlich erschöpft und sehen noch nicht einmal, wofür das Ganze gut war. Aus Schuldgefühlen oder einem extremen Verantwortungsgefühl heraus schaffen es die wenigsten, die Sache etwas langsamer angehen zu lassen, sich einmal eine Pause und etwas Vergnügen zu gönnen oder sich auch genügend Zeit für die Privatangelegenheiten zu nehmen. Schließlich verlieren viele derer, die die Startphase der Bewegung aktiv mitgestaltet haben, die Hoffnung und sehen keinen Sinn mehr in ihrer Arbeit. Sie sind enttäuscht und entmutigt, fühlen sich ausgebrannt und steigen schließlich aus der Bewegung aus.

Im Protest verharren

Ein weiterer Grund, warum viele AktivisInnen jetzt niedergeschlagen sind, ist, daß sie es nicht schaffen, den Schritt vom Protest gegen die Behörden — in Zeiten aktueller Krisen — zur Entwicklung von langfristigen konstruktiven Programmen zu vollziehen, mit denen grundsätzliche gesellschaftliche Veränderungen geschaffen werden. Ihnen fällt es schwer einzusehen, daß es für eine erfolgreiche Bewegung zu einem gewissen Zeitpunkt angesagt ist, sich nicht länger auf die Veranstaltung von Massendemonstrationen zu beschränken, sondern die breite Öffentlichkeit in Basisgruppen zu organisieren, die sich in ihren Programmen an langfristigen Zielen orientieren. Und daher kommt es, daß sie, wenn sie für diese Zwecke arbeiten, das Gefühl haben, sie ließen die Bewegung im Stich. Hinzu kommt noch, daß viele der sehr engagierten Oppositionellen der Meinung sind, die Bewegung sei nicht „rein" genug. Die sich herausbildenden Strukturen der Bewegung werden leicht als erneute Unterdrückung und Bevormundung empfunden. Nicht wenige AktivistInnen haben sich der Bewegung ursprünglich in der Annahme angeschlossen, daß es sich um eine kurzfristige Krise handele und sind daher nicht auf ein längerfristiges Engagement eingestellt. Schließlich gibt es noch einen weiteren Grund, warum sich viele nicht auf die aktuellen Erfordernisse einstellen können: Ihnen fehlen einfach das Wissen und die Fähigkeiten, die nötig sind, um diese Phase der breiten öffentlichen Unterstützung zu verstehen bzw. sich aktiv daran zu beteiligen. So haben z.B. TrainerInnen in gewaltfreier Aktion während der Startphase eine entscheidende Führungs- bzw. Ausbildungsfunktion, verschwinden aber fast total in der Mehrheitsphase, weil ihnen das Verständnis und die Fähigkeiten fehlen, AktivistInnen zu zeigen, wie sie sich jetzt am wirkungsvollsten an der Bewegung beteiligen können.

Rebellion, Machogehabe, vermehrt „militante" Aktionen und Gewalt sind einige der negativen Auswirkungen der Macht- und Hoffnungslosigkeit.

Einige AktivistInnen gehen in dieser Zeit zu militanteren, ja sogar gewalttätigen Aktionen über. Sie glauben, daß die gewaltfreien Methoden, die sie bis jetzt angewandt haben, versagt haben, weil sie nicht radikal genug waren. Es bilden sich Splittergruppen, die eine militante Strategie verfolgen, so z.B. 1979 das Komitee für Direkte Aktion in Seabrook. Die Aktivitäten derartiger Gruppen bestehen oft aus rücksichtslosen, trotzigen Aktionen, die aus Wut, Verzweiflung und Frustration begangen werden, weil sich die unrealistische Erwartung, die Bewegung müßte innerhalb von zwei Jahren einen klaren Sieg davontragen, nicht erfüllt hat. Militante Aktionen richten durchweg mehr Schaden an, als daß sie Gutes tun, da sie nicht nur andere Aktive, sondern auch weite Bevölkerungskreise verschrecken. Andere Gruppen, die die Bewegung vor ihren Karren spannen wollen und auch „agents provocateurs" bedienen sich gerne dieser Methoden.

Die Bewegung muß jetzt wohlüberlegt handeln, um dieses Problem zu vermeiden. Zum einen müssen Wege gefunden werden, mit den Gefühlen der Macht- und Hoffnungslosigkeit umzugehen. Eine Möglichkeit ist, die AktivistInnen mit einem langfristig-orientierten Strategiekonzept, wie z.B. diesem Aktionsplan, vertraut zu machen. So können sie erkennen, daß sie sich tatsächlich auf dem besten Wege zum Erfolg befinden. Weiterhin ist es wichtig, daß die Bewegung sich eindeutig zur Gewaltfreiheit bekennt. Alle AktivistInnen und Gruppen, die sich der Bewegung zugehörig fühlen, sollten mit diesen Grundsätzen übereinstimmen, die dann auch breit veröffentlicht werden. Dieses gewaltfreie Programm muß durch eindeutige Richtlinien und Trainings für alle DemonstrantInnen unterstützt werden und bei Demos sollte mit entsprechenden Mitteln auf die Einhaltung der gewaltfreien Prinzipien geachtet werden.

Ausgebranntsein

Gefühle von Erschöpfung und Versagen, Krisen in der Organisationsstruktur, der Ruf nach militanten Aktionen, Orientierungs-, Macht- und Hoffnungslosigkeit — das alles zusammen führt bei vielen AktivistInnen zum Gefühl des Ausgebranntseins.

Krisen in der Organisationsstruktur

Die lockeren Organisationsstrukturen der neuen Welle von örtlichen Initiativen werden nach etwa sechs Monaten zur Belastung. Während der Startphase ermöglichten sie Flexibilität, Kreativität, Basisdemokratie, Unabhängigkeit und Solidarität — Dinge, die für Aktionen und für eine schnelle Entscheidungsfindung recht dienlich waren. Nach einem halben Jahr können diese lockeren Strukturen jedoch zu außerordentlicher Ineffektivität führen, die TeilnehmerInnen fühlen sich ausgebrannt und es entsteht eine informelle Hierarchie.

Aufbauen und Mutmachen!

Die Mitglieder der Bewegung müssen noch lernen, was die Herrschenden schon lange wissen: Die Macht hat das Volk, nicht die Herrschenden. Sie müssen lernen, die Macht und den Erfolg von sozialen Bewegungen zu erkennen, inclusive ihrer eigenen. Es gibt einige Möglichkeiten, wie AktivistInnen ihre Identitätskrise der Machtlosigkeit überwinden können:
* *Die Anwendung von Strategiekonzepten für erfolgreiche soziale Bewegungen,* wie z.B. diesem Aktionsplan, um die eigene Bewegung zu bewerten, Erfolge zu erkennen und Strategien und Taktiken zu entwickeln;
* *Bildung von Bezugsgruppen,* die den TeilnehmerInnen erlauben, sich ganzheitlich in die Bewegung einzubringen, ihre persönlichen Bedürfnisse ernstzunehmen, Schuldgefühle abzubauen, Spaß zu haben und sowohl Unterstützung als auch konstruktive Kritik bei der politischen Analyse zu erfahren;
* *ein klares Bekenntnis zur Gewaltfreiheit abgeben;*
* *Organisation und Leitung sollten auf bundesweiter und auf regionaler Ebene mit gewissen Vollmachten ausgestattet werden.* Dieses *Vollmachtsmodell* stellt eine Art Mittelweg zwischen hierarchischen und lockeren Strukturen dar, der einerseits die Vorteile beider Modelle in sich zu vereinigen sucht und andererseits deren Nachteile ausschließen möchte. Es soll eine möglichst gute Mischung aus Basisdemokratie, Leistungsfähigkeit, persönlicher Unterstützung und Effektivität hergestellt werden. Die Führungs-

kräfte dieses Modells übernehmen eher die Rolle einer fürsorglichen Mutter als die eines strengen, patriarchalischen Vaters. Wenn die Organisationsleitung auch auf nationaler Ebene die Aufgabe hat, die gesamte Bewegung zu koordinieren und zu repräsentieren, muß ihr vorrangiges Ziel doch bleiben, die Basisgruppen zu unterstützen und zu ermutigen und Hierarchie- und Elitebildungen entschieden entgegenzuwirken.

* *AktivistInnen sollen darin unterstützt werden, die Entwicklung von DemonstrantInnen zu langfristig-orientierten ProtagonistInnen gesellschaftlicher Veränderung zu vollziehen.* Organisieren Sie Trainingsworkshops, die nicht nur der Auseinandersetzung mit der Gewaltfreiheit dienen, sondern auch all die Fähigkeiten zum Verstehen und Organisieren von Bewegungen sozialen Wandels fördern.

Die Herrschenden

* *Sie verfolgen weiterhin ihre Strategie des harten Kurses,* ja, sie legen sogar noch einen Gang zu, um zu beweisen, daß sie das Heft in der Hand halten und sich weder von der Bewegung noch von der Öffentlichkeit unter Druck setzen lassen.
* *Sie unterwandern die Bewegung,* sowohl um Informationen zu erhalten als auch um Verwirrung zu stiften, zu stören und Aktivitäten zu diskreditieren. Es ist die Aufgabe des „agent provacateur", Ausschreitungen und Gewalt zu provozieren, bewegungsinterne Strukturen zu zerstören, in der Öffentlichkeit ein Bild von Unruhe, Aufsässigkeit und Machogehabe aufzubauen und Organisationen zu beherrschen.

Die Öffentlichkeit

In der Öffentlichkeit herrscht Verwirrung, wem man noch glauben kann und wem nicht. Viele stimmen einerseits den Ansichten und Forderungen der Bewegung zu, fürchten jedoch andererseits sich offen mit den Dissidenten zu solidarisieren und die Sicherheit, die ihnen die Herrschenden und die derzeitigen gesellschaftlichen Umstände versprechen, aufzugeben. Die Alternativen zur gegenwärtigen Politik sind ihnen noch unklar. In dieser Situation schlägt sich etwa die Hälfte der Bevölkerung auf die Seite der Bewegung, die andere Hälfte hält weiterhin der Regierung die Stange. Aufsässigkeit, Gewalt und scheinbarer Antiamerikanismus verschrecken die Leute und verleiten sie dazu, die Politik der Herrschenden, ihre Polizeiaktionen und den Status quo zu unterstützen.

Ziele

Das vorherrschende Ziel ist, den AktivistInnen ihre Macht und Stärke bewußt zu

*machen und ihnen zu helfen, in die Phase sechs einzutreten, um nicht hinter dem
Rest der Bewegung zurückzubleiben.* Sie müssen erkennen, wie der lange Weg
zum Erfolg aussieht und wie weit sie mittlerweile auf diesem Weg gekommen
sind. Im einzelnen sollten die Aktivisten jetzt darin unterstüzt werden,
* strategisches Handeln zu entwickeln, indem ein Strategiekonzept, wie z.B.
  dieser Aktionsplan, benutzt wird;
* Bezugsgruppen zur politischen und persönlichen Unterstützung zu bilden;
* gewaltfreie Methoden anzunehmen;
* den Schritt vom Protest zur langfristig-orientierten gesellschaftlichen Veränderung zu vollziehen.

Gefahren

Die Hauptgefahren, die in dieser Phase überwunden werden müssen, sind
folgende:
* Enttäuschung, Resignation und Gefühle der Machtlosigkeit – der Ein-
  druck, daß die Bewegung verliert, obwohl sie sich auf dem besten Wege zum
  Erfolg befindet;
* Die „Tyrannei der Strukturlosigkeit" und der Führungslosigkeit;
* Rebellion, Machogehabe und Gewalt;
* Hoffnungslosigkeit, Ausgebranntsein und Ausstieg aus der Bewegung.

Schlußfolgerung

Die Identitätskrise und das Gefühl der Machtlosigkeit stellen eine persönliche
Krise der AktivistInnen dar. Das Erleben der Startphase der Bewegung hat ihr
Welt- und Selbstbild verändert. Ihnen ist klar geworden, daß das Problem
ernster ist als sie angenommen hatten. Sie erkennen, daß die Regierungsstel-
len, die Mächtigen und die traditionellen demokratischen Prozesse, von denen
sie angenommen hatten, daß sie helfen würden, gesellschaftliche Probleme zu
lösen, in Wirklichkeit Teil des Problems sind, und daß das Problem endgültig
nur gelöst werden kann, wenn sie auch Anteil an der Problemlösung haben.
Statt enttäuscht zu sein und sich machtlos zu fühlen, müssen die AktivistInnen
jetzt ihre Stärke und die Erfolge ihrer Bewegung erkennen. Ihnen muß klar
werden, daß ihre Bewegung sich erfolgreich bis zur Phase sechs, der Phase
breiter öffentlicher Unterstützung entwickelt hat und daß sie jetzt gleichziehen
müssen, um für sich und ihre Gruppe die entsprechende Rolle bei den nächsten
Schritten zu finden.

Fallbeispiel: Die amerikanische Anti-Atom-Bewegung
Phase Fünf: 1978 und die folgenden Jahre

Während die Anti-AKW-Bewegung 1979 in die sechste Phase eintrat, blieben viele AktivistInnen von 1978 an in der Phase fünf hängen. Sie glaubten, daß ihre Bewegung ineffektiv und im Niedergang begriffen sei. Es gab nicht einen Reaktor, der langfristig durch gewaltfreie Blockaden außer Betrieb gesetzt werden konnte und die Zahl der TeilnehmerInnen auf Demos sank, obwohl doch gerade ein weiteres Anwachsen für den Erfolg wichtig schien. Ihre tatsächlichen Erfolge wußten sie dagegen nicht entsprechend zu würdigen: hatten sie doch innerhalb der letzten zwei Jahre eine bundesweite, basisorientierte soziale Bewegung aufgebaut, die Frage der Atomenergie war zu einem öffentlichen Thema geworden, die Bevölkerung wurde aufgeklärt und die Mehrheit der BürgerInnen stellte mittlerweile den Sinn des Atomprogramms in Frage.

Stattdessen sahen die AktivistInnen vor allem, daß die Reaktoren weiterhin gebaut und in Betrieb genommen wurden. Sie ignorierten hingegen die Tatsache, daß es keine neuen Bestellungen von AKWs gab, ja Dutzende abbestellt wurden und die Zahl der bestellten bzw. in Bau befindlichen Reaktoren insgesamt erstaunlich schnell zurückging. Sie waren der Meinung, ihre Bewegung habe versagt, weil sie bis jetzt noch nicht eindeutig gewonnen hatten, statt zu sehen, wie zielsicher sie sich Schritt für Schritt auf den Erfolg zubewegten. Daher fühlten sich viele AktivistInnen ausgebrannt, mit Gefühlen der Macht- und Mutlosigkeit stiegen sie aus der Bewegung aus. Andere, die noch die romantischen Mythen glaubten, denenzufolge das Atomzeitalter durch entschiedenen Widerstand gestoppt werden könnte, gründeten „militante" Gruppen, wie die Koalition für Direkte Aktion. Aber diese Strategie stellte sich nach Jahren als Sackgasse heraus.

Viele der AktivistInnen nahmen bei neuen, aktuellen Anlässen wieder an Demos teil, so z.B. 1979 beim Unfall des Three-Mile-Island-Reaktors oder sie traten der Bewegung gegen die weitere Aufrüstung der Atomwaffen (Freeze) oder der Anti-Interventions-Bewegung bei, die ihre Startphase Anfang der 80er Jahre erreichten.

Phase Sechs: Massive öffentliche Unterstützung

Die Bewegung muß jetzt bewußt den Schritt vom spontanen Protest, der im Kontext einer aktuellen Krise entstanden ist, zu einem an langfristigen Zielen orientierten Kampf für gesellschaftliche Veränderungen auf Massenbasis machen.
Jetzt ist es wichtig, die Sympathien, Meinungen und vor allem die Unterstützung eines immer größer werdenden Bevölkerungsteils zu gewinnen und möglichst viele dieser Menschen in den Prozess des Widerstands und der Veränderung einzubeziehen. Die Schwerpunkte der Politik des Widerstandes müssen sich verlagern, weg von den neu dazugewonnenen AktivistInnen und Gruppen hin zu breiteren, bisher unpolitischen Bevölkerungskreisen, zu den POOs und den üblichen politischen Kanälen und Entscheidungsträgern, sofern sie mit den inhaltlichen Positionen der Bewegung übereinstimmen. Die Hauptarbeit der Mehrheitsphase besteht darin, die soziale, politische und ökonomische Basis der herrschenden Politik zu erschüttern. Dies ist allerdings ein langwieriger Prozeß sozialer Veränderung, an dessen Ende ein neuer gesellschaftlicher Konsens steht, der sich vom dem der ersten Phase, der „normalen Zeiten" deutlich unterscheidet.

Obwohl es für Bewegungen wichtig ist, sich sowohl auf nationaler als auch regionaler Ebene zu organisieren, sind sie doch immer nur so stark wie ihre lokalen Basisgruppen. Die Bundesbüros in Washington D.C. können nur die sozialen und politischen Erfolge „abkassieren", die die örtlichen Gruppen überall im Land in mühevoller Kleinarbeit herbeigeführt haben. Daher ist es das wichtigste Ziel der Bewegung, die Basisgruppen und ihre Mitglieder zu ermutigen und zu unterstützen. Schließlich benötigen die AktivistInnen ein allgemeines Strategiekonzept, um in der sechsten Phase mit der Massenbewegung eine positive soziale Veränderung zu erreichen, gegen die die Herrschenden natürlich alle ihre Kräfte mobilisieren.

VERÄNDERUNG
Die beteiligten Kräfte befinden sich im Konflikt und halten den Weg für Veränderung offen. Weitblick über die Zukunft und große Hingabe sind jetzt erforderlich. Die Wandlung sollte schrittweise, gewaltfrei und harmonisch, ohne Ausschreitungen, vollzogen werden. Die Ergebnisse führen zu einer progressiven neuen Zeit, die jedoch erst sichtbar wird, wenn die Wandlung schon eingetreten ist.

Opposition

Die Opposition braucht jetzt eine Strategie, die auf die aktuelle Situation abgestimmt ist. Allzuoft wird Strategie mit einer Aneinanderreihung von verschiedenen Aktionen verwechselt, die nicht aufeinander abgestimmt sind, sondern lediglich Reaktionen auf einzelne Schachzüge der Regierung darstellen. Eine der Phase sechs entsprechende Strategie umfaßt verschiedene Programme von gut koordinierten Aktionen, neue Organisations- und Leitungsstrukturen und ein grundsätzliches, allumfassendes Strategiekonzept.

Strategische Programme

* *Fortlaufende, lokale Alltagsaktivitäten ohne großen Aufwand.* Der Schlüssel zum Erfolg in dieser Phase liegt in der kontinuierlichen Kleinarbeit der lokalen Basisgruppen: Öffentliche Reden, Infotische in Einkaufszentren, Verteilung von Flugblättern, Basare usw. Das alles dient der Aufklärung der Bevölkerung durch ihresgleichen und lenkt die Aufmerksamkeit der Öffentlichkeit immer wieder auf das Thema.

* *Massive Informations- und Überzeugungsarbeit.* Wichtigste Aufgabe in dieser Phase ist es, möglichst alle Teile der Bevölkerung aufzuklären, zu überzeugen und in die Bewegung einzubinden. Das geschieht mit verschiedensten Methoden und unter Einbeziehung der Massenmedien. Am wichtigsten sind jedoch die direkten Kontakte vor Ort durch die Alltagsaktivitäten, durch Info- und Büchertische, Demos, Flugblätter, Petitionen, Hausbesuche, Anstecker und Aufkleber. Das Thema muß von der Bewegung neu definiert werden, und zwar so, daß deutlich wird, daß wir alle mit unseren Werten und Interessen davon betroffen sind, und daß es Möglichkeiten gibt, unseren Einfluß geltend zu machen.

* *Bildung einer breiten, pluralistischen Bewegung.* Die Bewegung sollte versuchen, mittels Bündnissen, Netzwerken und gemeinsamem Organisieren von Veranstaltungen und Aufrufen alle Bevölkerungsgruppen (wie z.B. ArbeiterInnen, Schwarze, Frauen, Arbeitslose, LehrerInnen, AusländerInnen, Religionsgemeinschaften, StudentInnen etc.) anzusprechen und zu integrieren. Das betrifft auch bestimmte Organisationen wie „Frauen für den Frieden" oder „LehrerInnen für soziale Verantwortung". Darüber hinaus braucht die Bewegung Gruppen in allen drei Kategorien: Professionelle oppositionelle Organisationen, neue Basisgruppen und prinzipielle SystemgegnerInnen. Die verschiedenen Organisationen der Bewegung müssen lernen zusammenzuarbeiten und ihre sonst oft übliche Selbstgerechtigkeit, Animositäten und Uneinigkeit zu überwinden.

* *Wiederaufnahme der Nutzung gesellschaftlich anerkannter sozialer und politischer Institutionen.* Wenn die Bewegung eine breite Anhängerschaft gewinnt, ist es oft sehr nützlich, sich der gesellschaftlich anerkannten Institutionen und Veranstaltungen zu bedienen. Dafür kommen u.a. in Frage: Stadträte und Kongress, Beamte, Wahlkampfveranstaltungen und ihre KandidatInnen, Gerichte, offizielle Kommissionen und Anhörungsverfahren oder Volksentscheide. Zum einen helfen sie, die Bewegung aufzubauen, sie halten das Thema in der Öffentlichkeit, klären die Bevölkerung auf usw. Zum anderen können dadurch auch konkrete Erfolge erzielt werden. Dafür muß man dort ansetzen, wo die Herrschenden am schwächsten und die

Bewegung am stärksten ist. Das ist oft auf lokaler oder auf Landesebene, oder dort, wo die Öffentlichkeit unsere Forderungen massiv unterstützt. Diese Erfolge dienen dazu, den Sieg der Bewegung von kleinauf über die nächsten Jahre vorzubereiten. So war z.B. der Widerstand gegen eine direkte militiärische US-Intervention in Nicaragua (zumindest zeitweise) auf der Kongressebene durchaus erfolgreich, nicht jedoch, bezogen auf die Regierungszentralen der Reagan-Administration. AKWs konnten auf lokaler und auf Landesebene verhindert werden, wogegen auf Bundesebene die Herrschenden und die Atomindustrie weiterhin an ihren Atomprogrammen festhalten. Und als drittes Beispiel sei die Entwicklung des Widerstandes gegen Atomwaffen erwähnt: Nach einiger Zeit bestand ein neuer gesellschaftlicher Konsens in dieser Frage. Dadurch wurde solch ein Druck auf die Bundesregierung ausgeübt, daß sogar Präsident Reagan sich gezwungen sah, zu verkünden, er täte nichts lieber, als alle Atomwaffen zu verschrotten. Das betrifft besonders die in Europa stationierten US-Raketen, gegen die sich ein überwältigender Widerstand innerhalb der Bevölkerung gebildet hat.

* *Gewaltfreie Versammlungen, Demonstrationen und Kampagnen, besonders zu kritischen Zeiten und an markanten Orten.* Neben dem oben beschriebenen breiten Programm braucht die Bewegung auch weiterhin gewaltfreie Aktionen, Versammlungen und Kampagnen mit gelegentlichen Aktionen zivilen Ungehorsams. Gewaltfreie Aktionen sollten einerseits an traditionellen Orten und Zeiten, z.B. am Hiroshima- oder Nagasaki-Tag stattfinden, andererseits auch zu aktuellen Gelegenheiten, wie z.B. am Abstimmungstag des Kongresses über die finanzielle Unterstützung der Contras, bei Staatsbesuchen von Diktatoren oder bei sogenannten „auslösenden Ereignissen", wie z.B. dem Unfall von Tschernobyl. Da die Leute in dieser Phase mit so vielen Aktivitäten vor Ort beschäftigt sind und oft auch nicht mehr den Sinn von größeren gewaltfreien Aktionen einsehen, sinkt die TeilnehmerInnenzahl von bundesweiten oder regionalen Demonstrationen gewöhnlich im Vergleich zur Startphase der Bewegung (außer wenn eine konkrete neue Krise vorliegt). Betrachtet man jedoch die Tatsache, daß während der Mehrheitsphase in sehr vielen Städten und Ortschaften lokale Aktionen stattfinden, steigt die Gesamtzahl der TeilnehmerInnen immens an.

Gewaltfreie Aktionen können manchmal einen direkten Erfolg erzielen, z.B. eine/n Stadträtin/rat oder ein Kongreßmitglied zu einem bestimmten Abstimmungsverhalten veranlassen. Ihr Hauptzweck ist jedoch, möglichst viele Ziele der Phasen vier bis sechs zu erreichen. Das wäre z.B., das Thema zu einem öffentlichen Anliegen zu machen und eine Basis zur Aufklärung der Bevölkerung zu schaffen.

* *Programme zur Einbeziehung der BürgerInnen.* Die Bewegung muß Aktivitäten entwickeln, an denen sich breite Teile der Bevölkerung beteiligen können. Diese Aktivitäten müssen einerseits politische Gegebenheiten, Gesetze und Programme in Frage stellen, während sie gleichzeitig Träger allgemein anerkannter Werte sind und die Alternativen der Bewegung deutlich machen. Das gibt der Bewegung und den BürgerInnen Mut und Kraft,

können sie doch so ihre Wert- und Zielvorstellungen verwirklichen, ohne darauf warten zu müssen, welche Entscheidungen von den Herrschenden für sie gefällt werden. Das ist etwas anderes, als isolierte, alternative „Demonstrationsprojekte" durchzuziehen. Die beschriebenen Aktivierungsprogramme versetzen eine große Anzahl von BürgerInnen in direkte Opposition zur Politik der Herrschenden. Unter den derzeitigen Bewegungen gibt es einige gute Beispiele für Aktivierungsprogramme: In der Sanctuary Bewegung bieten Kirchen und Städte im ganzen Land Zuflucht für politische Flüchtlinge aus Mittelamerika; Tausende von „VolksdiplomatenInnen" reisten nach Nicaragua oder in die Sowjetunion; unter Mißachtung der verhängten US-Sanktionen werden Werkzeuge und Entwicklungshilfe nach Nicaragua geschickt; Städte, Bezirke, ja sogar ganze Länder wie Neuseeland oder Belau erklären sich zur atomwaffenfreien Zone. Solche Programme klären die Bevölkerung auf und bringen sie auf unsere Seite, verdeutlichen, welche Werte und Ziele die Bewegung verfolgt, zeigen, wie groß die Opposition mittlerweile ist, unterminieren die Autorität der Herrschenden, ihre politischen Ziele weiterverfolgen zu können und bewirken eine von unten entwickelte Veränderung.

* *Reagieren auf neue „Schlüsselereignisse"*, wie z.B. die Unfälle auf Three-Mile-Island oder Tschernobyl, um das Thema erneut in die Öffentlichkeit zu tragen, das Bewußtsein der Bevölkerung für derartige Dinge zu erhöhen, neue Organisationen und Bewegungen aufzubauen und den Druck für Veränderungen zu verstärken.

Ein neues Modell für Struktur und Leitung der Bewegung

Die Struktur der Bewegung muß sich jetzt von einem „lockeren Modell" zu einer Form mit klaren Verantwortlichkeiten hin entwickeln. Die lockeren Strukturen waren für den Beginn der Bewegung durchaus passend und angebracht. Sie boten Raum für spontane und kreative Aktivitäten, u.a. für Aktionen zivilen Ungehorsams, und ermöglichten eine schnelle und flexible Entscheidungsfindung an der alle TeilnehmerInnen partizipierten. Aber nach ca. sechs Monaten werden die lockeren Strukturen mehr und mehr zur Belastung. Die Effektivität läßt nach, die Leute fühlen sich nach langen Treffen ausgepowert, die erfahrensten und stärksten AktivistInnen entwickeln sich zu dominierenden FührerInnen, neue Leute haben Schwierigkeiten, in die Gruppen und die Bewegung reinzukommen und es bildet sich immer deutlicher eine informelle Hierarchie heraus. Das neue Modell mit klar begrenzten Vollmachten und Verantwortlichkeiten muß von den TeilnehmerInnen selbst entwickelt werden. Es soll die jeweiligen Vorteile der lockeren und der hierarchischen Strukturen maximieren, deren Nachteile jedoch minimieren. Ziel ist, basisdemokratisch, effizient und flexibel zu sein und gleichzeitig den langen Atem zu behalten. Neue Strukturen sind dafür notwendig. Sie müssen sich jedoch stets an den oben genannten Grundprinzipien orientieren.

Dies ist eine kritische Zeit für die Büros und MitarbeiterInnen der bundesweiten Organisationen. Sie müssen einerseits praktische Politik machen, die Bewegung am Laufen halten und sich mit der Bürokratie rumschlagen (egal wie „kollektiv" sie auch immer arbeiten). Andererseits müssen sie verhindern, daß sich die Bewegung zu einer neuen POO entwickelt oder die MitarbeiterInnen sich zu einer Polit-Elite herausbilden. Wichtigstes Ziel ist, die Basis der Bewegung zu fördern, zu unterstützen und zu ermutigen, und darauf zu achten, daß die internen, basisdemokratischen Strukturen erhalten bleiben. Die Rolle der MitarbeiterInnen läßt sich eher mit der einer fürsorglichen Mutter als mit der eines beherrschenden Vaters vergleichen. Benehmen sich die MitarbeiterInnen jedoch so, als wären sie die Bewegung, wird die Bewegung austrocknen und sehr schnell ihre Kraft verlieren.

Ein allgemeines Strategiekonzept

Jetzt benötigen die AktivistInnen ein allgemeines Strategiekonzept, um den Aufgaben der Phase sechs gerecht werden zu können. Ohne eine brauchbare Strategie sind die meisten AktivistInnen nicht in der Lage, den Zusammenhang zwischen ihren Alltagsaktivitäten und den Erfolgen der Bewegung zu sehen. Wichtige Faktoren für ein solches Strategiekonzept sind u.a.:

* *Die Aufmerksamkeit der Öffentlichkeit immer wieder auf das Thema lenken.* Die Programme der Herrschenden und die gesellschaftlichen Umstände, durch die Werte und Interessen der Mehrheit der Bevölkerung verletzt werden, sollten im Lichte der Öffentlichkeit gehalten werden. Mit der Zeit hilft das, die sozialen und politischen Bedingungen für eine Veränderung zu schaffen. Denn wie schon Robert Jay Lifton sagte, ist der beste Weg, soziale Illusionen aus dem Wege zu schaffen, immer wieder die Wahrheit zu sagen. Die derzeitigen sozialen Bewegungen gegen Atomwaffen und gegen eine direkte militärische Intervention in Mittelamerika können es als Riesenerfolg verbuchen, daß diese umstrittenen Angelegenheiten in den letzten Jahren permanent Tagesthemen waren.
* *Alle wesentlichen Ziele der Bewegung klären und die Phasen, in denen die jeweiligen Ziele sich befinden, herausstellen. Strategien entwickeln, die zu diesen Zielen führen.* Die ganze Liste der Forderungen der Bewegung, angefangen von den Einzelzielen bis hin zu dem einen, übergeordneten Ziel, wie z.B. Abrüstung aller Atomwaffen, Atomteststop, Beendigung von SDI, Weg mit den Mittelstreckenraketen sollten benannt werden. Für jede dieser Forderungen sollten die AktivistInnen überlegen, in welcher Phase sie sich befinden und sollten entsprechende individuelle Strategien, Kampagnen und Nebenbewegungen entwickeln. Zum Beispiel könnte die Forderung „Keine direkte Militärintervention in Nicaragua" in Phase sieben sein, „Unterstützungsstop für die Contras" in Phase sechs und eine „positive Friedensresolution der Contadora für Mittelamerika" ist wahrscheinlich gerade mal in Phase drei.
* *Durchkreuzen der Strategie der Herrschenden.* Es ist für die Bewegung wichtig, die langfristigen Ziele, die Strategien und die Programme der Herr-

schenden zu erkennen und Gegenstrategien zu entwickeln. Zum Beispiel erwägen die USA eine Invasion Nicaraguas, unterstützen die Contras in ihrem Krieg gegen die Sandinisten, wollen eine positive Contadora-Resolution verhindern etc. Für jedes Einzelziel müssen Kampagnen entwickelt werden, die die Regierung hindert, ihre jeweiligen Ziele zu erreichen.

* *Reformen sind nicht genug: Alternativvorschläge, grundsätzliche Veränderungen und ein neues Paradigma (Denkkonzept) sind erfoderlich.* Die Bewegung darf sich jetzt nicht allein darauf beschränken, die aktuellen Programme zu kritisieren, sondern muß konkrete Alternativen vorschlagen. Im Laufe der Auseinandersetzung lernen die Leute, daß das Problem wesentlich umfassender ist, als sie ursprünglich angenommen hatten. Sie merken, daß ihre anfänglichen Sorgen eher gewissen Symptomen galten, in deren Ursachen sie jetzt langsam Einblick gewinnen. Und so verbreitern sich auch die Forderungen, die die Bewegung gegenüber den Herrschenden aufstellen. Das führt dann schließlich sogar soweit, daß eine ganz neue Sichtweise bzw. ein neues Paradigma erforderlich scheint. Die Bewegung gegen die Cruise Missiles und Pershing II in Europa merkte mit der Zeit, daß die Abrüstung sämtlicher Atomwaffen in West- und Osteuropa nötig ist. Daraus ergab sich eine ganz neue Weltsicht, die ein atomwaffenfreies Europa beinhaltet, das zunehmend neutraler und unabhängiger von den Blocksystemen der Supermächte UdSSR und USA wird.

* *Die Bewegung durch die Dynamik der Auseinandersetzung mit den Herrschenden führen.* Eine soziale Bewegung zu organisieren kann mit einem Schachspiel verglichen werden. Die Bewegung und die Herrschenden sind Zug um Zug damit beschäftigt, die Öffentlichkeit auf ihre Seite zu bringen und die Situation derart zu gestalten, daß sie ihre Programme leichter durchsetzen können. Die Bewegung versucht ethische, politische und ökonomische Bedingungen zu schaffen, die die Unterstützung unterminieren, die die Herrschenden zur Durchsetzung ihrer politischen Programme benötigen.

Die Herrschenden werden natürlich ihre Strategien den jeweiligen Situationen anpassen, um den Status quo möglichst aufrecht zu erhalten. Ziel der Bewegung ist, die Position der Herrschenden zu schwächen und den politischen Preis, den diese für die Fortführung ihrer Programme zahlen müssen, in die Höhe zu treiben. Die Reagan-Regierung schien z.B. 1984 eine Invasion Nicaraguas in Erwägung zu ziehen, worauf die Bewegung gegen die Intervention den öffentlichen Widerstand erheblich verstärkte. Als die Regierung daraufhin ihren Schwerpunkt auf die Unterstützung der Contras verlegte, forcierte die Bewegung die Verabschiedung des Boland-Amendments und zwang so die Regierung zu einer ziemlich riskanten Politik, nämlich die illegale, ja verfassungswidrige heimliche Unterstützung der Contras durch ihren Mittelsmann Ollie North, zu betreiben. Der daraus folgende Skandal hat dann die Möglichkeiten Präsident Reagans, seine Politik in Mittelamerika und in anderen Ländern weiter zu verfolgen, erheblich eingeschränkt.

Die Herrschenden

Um ihre politischen Programme zu verteidigen, fahren die Herrschenden eine harte Linie des *Krisen-Managements*. Im einzelnen sieht das folgendermaßen aus:

* Sie erfinden neue Sprachregelungen und Mythen oder benutzen die alte Strategie der Schreckgespenster, wie Terrorismus oder Kommunismus, um eine zunehmend skeptische Bevölkerung wieder für sich einzunehmen.
* Sie versuchen die Bewegung zu unterwandern, um Informationen zu erhalten, interne Konflikte zu schüren und die Bewegung öffentlich zu diskreditieren, sie zu kontrollieren und zu lenken. Sie versuchen der Bewegung zuvorzukommen, indem sie behaupten, ihre Ziele zu verfolgen (z.B. „SDI wird zur atomaren Abrüstung führen") oder sie mit Hilfe der etablierten politischen Kontrollmechanismen zu vereinnahmen (z.B. indem sie total verwässerte Gesetzesvorlagen des Kongresses unterstützen).
* Sie nutzen alle ihre Einflußmöglichkeiten auf die Dynamik des Konfliktes mit der Bewegung, indem sie ihre Strategien, ihre Haltungen und Programme ändern, wie es gerade am günstigsten erscheint, z.B. gehen sie von der direkten Invasion Nicaraguas über zur Unterstützung ihrer Handlanger, der Contras und zur „Low-Intensity" Kriegsführung (Krieg auf niedriger Schwelle) gegen die Sandinisten.
* Öffentlich stellen sie ihre Bemühungen um Verhandlungslösungen heraus, während sie weiterhin ihre operativen Programme und Grundsätze verfolgen, ohne einen Millimeter davon abgerückt zu sein.

Die Herrschenden betonen immer wieder, daß ihre Programme gut und erfolgreich sind. Schließlich gibt es die ersten Risse in den Machtstrukturen, wenn mit der Zeit der Druck durch einen neuen gesellschaftlichen und politischen Konsens zunimmt. Eine wachsende Anzahl einflußreicher politischer, sozialer und wirtschaftlicher Gruppierungen ändert ihre Meinung, ja stellt sich mit einem Mal sogar offen gegen die Politik der Herrschenden, um ihre eigenen Interessen zu wahren. Die Angelegenheit ist mittlerweile auch im Kongress, in der Regierung und auf allen anderen politischen Ebenen heiß umstritten.

Die Öffentlichkeit

Innerhalb von wenigen Jahre sprechen sich 65 % der Bevölkerung gegen die Politik der Herrschenden aus, dann, über viele Jahre, wächst die Opposition in der öffentlichen Meinung langsam bis zu einer großen Mehrheit von bis zu 85%. Und dennoch steht nur die Hälfte der Bevölkerung hinter einer klaren Forderung nach Veränderung. Die andere Hälfte hat mehr Angst vor den möglichen Alternativen als vor der Erhaltung des Status quo. Anfang der 70er Jahre forderten z.B. 83% der AmerikanerInnen die Beendigung des Vietnamkriegs und z.Zt. sprechen sich 65% gegen eine Unterstützung der Contras oder eine militärische Intervention in Mittelamerika aus.

48

Ziele

* Machen Sie das Problem und die Mißachtung anerkannter gesellschaftlicher Werte durch die Herrschenden immer wieder zum Thema.
* Vollziehen Sie den Schritt vom Protest in einer aktuellen Krise zu einer an langfristigen Zielen orientierten gesellschaftlichen Auseinandersetzung.
* Bemühen Sie sich weiterhin darum, die Bewegung zu verbreitern.
* Beziehen Sie einen großen Teil der Bevölkerung in die Aktivitäten der lokalen Initiativen ein.
* Schlagen Sie Alternativen vor, stellen Sie neue Forderungen auf, entwickeln Sie ein neues Paradigma.
* Befähigen sie die AktivistInnen, mit einem übergeordneten Strategiekonzept (wie z.B. diesem Aktionsplan) zu arbeiten.
* Entwickeln Sie Ihr eigenes Modell für Organisations- und Leitungsstrukturen.

Gefahren

Die Gefahren dieser Phase bestehen vor allem darin, daß
* AktivistInnen in der Protestphase stecken bleiben;
* es Gewalt, Aufruhr und machohafte Radikalität innerhalb der Bewegung gibt;
* die Bewegung denkt, sie hätte keinen Erfolg und alle ihre Anstrengungen seien nutzlos;
* die nationale Leitung oder die übergeordneten Organisationen die AktivistInnen an der Basis durch autoritäres Verhalten entmündigen;
* es zu Identitätsverlust und Vereinnahmung durch die Herrschenden aufgrund von Absprachen und Kompromissen kommt;
* die Bewegung durch extremistische Polit-Gruppen dominiert wird.

Schlußfolgerungen

Innerhalb von vielen Jahren, vielleicht sogar Jahrzehnten, hat sich die Opposition gegen die Politik der Herrschenden auf bis zu 85 % der Bevölkerung (wie z.B. in der Frage des Vietnamkrieges) gesteigert. Fast alle gesellschaftlichen Gruppen wollen die derzeitige Politik und das Problem aus der Welt schaffen: die meisten PolitikerInnen, die DemokratInnen, Prominente, Berufsgruppen, StudentInnen, die Mittelschicht, die Jugend, die Arbeitslosen, die Stadträte und Landesregierungen, die breite Öffentlichkeit. Und doch scheint sich seltsamerweise nichts zu verändern. Das Problem besteht weiterhin, der Kongress scheint unfähig, über die entscheidenden Fragen abzustimmen und die Herrschenden verfolgen immer noch ihre alten Programme, wenn auch mit kleinen kosmetischen Veränderungen. Darüberhinaus scheint sich die Bewegung in einer absoluten Flaute zu befinden. Es gibt zwar Demos, Veranstaltungen und andere Aktivitäten, aber die scheinen klein, routinehaft und mechanisch zu sein, da die öffentliche Meinung mittlerweile fast der Position der Bewegung entspricht. Und doch bewirkt die jahrelange öffentliche Opposition und jetzt auch noch das Überlaufen einflußreicher Gesellschaftsgruppen, daß der herrschenden Poltiik die Stunde schlägt. Der politische Preis, den die Herrschenden für die Aufrechterhaltung ihrer Programme zahlen müssen, wird zu einer nicht mehr tragbaren Belastung.

Fallbeispiel: Die amerikanische Anti-Atom-Bewegung
Phase Sechs: 1979 bis 1992

Von 1979 bis 1987 hat die Anti-Atom-Bewegung in der Mehrheitsphase gute Fortschritte gemacht. Der Anteil der Leute, die die Atomprogramme der Regierung ablehnen, wächst. 78% der AmerikanerInnen lehnen den Bau weiterer Atomreaktoren ab und viele Politiker auf lokaler und auf Landesebene kämpfen gegen die Inbetriebnahme schon fertiggestellter AKWs oder gegen geplante Atommüllager. Ähnliche Mehrheitsverhältnisse herrschen in Europa wo 50% der BürgerInnen für die Stillegung von laufenden AKWs sind.

Die Atomindustrie ist weiterhin in deutlichem Niedergang begriffen. Die Zahl der Reaktorgenehmigungen ist zwar auf 98 gestiegen, die Gesamtzahl der laufenden und im Bau befindlichen AKWs sank jedoch von 195 auf 123. Schließlich sind seit 14 Jahren keine neuen Bestellungen mehr zum Tragen gekommen und mehr als hundert geplante AKWs wurden storniert, einige selbst nachdem die AKWs zur Hälfte fertiggestellt waren. Das heimlich betriebene Atomprogramm der Herrschenden ist mittlerweile für breite Kreise der Bevölkerung kein Geheimnis mehr. Atomstrom ist unglaublich teuer, gefährlich und überflüssig und die Verknüpfung mit der Produktion von Atomwaffen, die viele BürgerInnen ablehnen, ist offensichtlich. Schlüsselereignisse wie die Unfälle auf Three-Mile-Island oder in Tschernobyl haben erneut zur Verbreiterung der Opposition beigetragen. Wenn der Trend bezüglich der Stornierungen anhält, wird die Atomenergie Anfang des nächsten Jahrhunderts auslaufen. Dann werden die jetzt betriebenen Reaktoren ihre maximale Betriebszeit von 25 Jahren erreicht haben.

Die Bundesregierung, beide Parteien und die Atomindustrie verfolgen weiterhin ihre Atomprogramme und streben mehrere hundert AKWs bis zum Jahr 2000 an. Allein 1984 betrugen die staatlichen Subventionen durch Steuernachlässe und direkte finanzielle Unterstützung 56 Milliarden US-Dollar. Daneben versucht die Aufsichtsbehörde für Atomfragen (NRC) die Genehmigungsvorschriften für neue Atomkraftwerke zu ändern. Danach soll die Erstellung von Katastrophenschutzplänen durch die örtlichen Behörden nicht mehr zwingend vorgeschrieben sein. Dieser Schritt erschien der NRC notwendig, nachdem die Stadträte und die Landesregierungen die Betriebsgenehmigungen der fertiggestellten Reaktoren Shoreham und Seabrook verhindert hatten, indem sie ihre Teilnahme an der Erstellung von Evakuierungsplänen verweigerten.

Die *Strategie der AtomkraftbefürworterInnen* besteht jetzt darin, Genehmigungsverfahren zu vereinfachen, neue Leichtwasser-Reaktoren zu entwik-keln, Gefahren bezüglich aktueller Unfälle herunterzuspielen, einen gesell-schaftlichen und politischen Konsens bezüglich neuer Reaktoren herzustellen, umstrittene Reaktoren durchzusetzen, Atommüllager zu errichten, Sonder-vorschriften für die Energieversorgungsunternehmen zu erlassen, Weltraum-waffen zu entwickeln, die jede Menge Atomreaktoren benötigen, und die Stromerzeugung zu regionalisieren, um die Kontrollen der Landesregierungen zu umgehen. Die *Strategie der AtomkraftgegnerInnen* besteht in der Aufklä-rung der Öffentlichkeit, auf neue „Auslöser" mit Demos zu reagieren und sie zur Bewußtseinsbildung der Bevölkerung zu nutzen, der Strategie der Befür-worter von AKWs entgegenzuwirken, die die Atomindustrie finanziell oder durch Gesetzesänderungen unterstützen usw. Zum Beispiel werden die derzei-tigen Änderungsvorschäge der NRC zur Aufstellung von Evakuierungsplänen bekämpft, die die endgültige Genehmigung der AKWs in Seabrook und Shore-ham nach sich ziehen würden. Außerdem werden 'sanfte' Energietechnolo-gien gegenüber den 'harten' Technologien befürwortet, sowie Maßnahmen zur Energieeinsparung, Dezentralisierung der Energieerzeugung und Entwick-lung der Sonnenenergie. Viele Aktivitäten der Bewegung werden jetzt von den POOs und den örtlichen Initiativen übernommen, die sich der üblichen politi-schen Kanäle wie Gerichte, staatliche Energieversorgungsunternehmen, Ge-setzgebung, Volksentscheide und Wahlprogramme bedienen.

Phase Sieben: Erfolg

Die Phase sieben beginnt, wenn nach einem langen Weg der Oppositionsentwicklung wir uns in die Zielgerade begeben: Es gibt einen neuen gesellschaftlichen Konsens, das Blatt wendet sich gegen die Herrschenden und es kommt zu einer letzten Kraftprobe, an deren Schluß der Erfolg der Bewegung steht. Dieser Prozeß kann drei verschiedene Formen annehmen. Möglich sind: ein letzter dramatischer Entscheidungskampf, ein stiller Entscheidungskampf oder ein langsamer Zermürbungsprozeß.

* Der *dramatische Entscheidungskampf* ähnelt der Startphase der Bewegung. Ein plötzliches Ereignis schafft eine offensichtliche Krise und löst die Mobilisierung breiter Bevölkerungskreise aus. Aber diesmal kann in relativ kurzer Zeit mit vereinten Kräften eine Veränderung des politischen Programms oder sogar ein Machtwechsel herbeigeführt werden. Das passierte z.B. bezüglich der Forderungen der Bürgerrechtsbewegung in den 60er Jahren, als 1965 Präsident Johnson und der Kongreß durch den Selma-Marsch veranlaßt wurden, innerhalb weniger Monate die Wahlgesetze zu verabschieden. Die AktivistInnen merken hier in der Regel, daß sie für diesen Erfolg eine wichtige Rolle gespielt haben.

* Der *stille Entscheidungskampf*. Gelangen die Herrschenden zu der Einsicht, daß sie ihre Politik nicht länger aufrechterhalten können, nehmen sie Zuflucht zu einem „siegreichen Rückzug", der ihnen hilft, ihr Gesicht zu wahren. Sie vertuschen ihre Niederlage, reden dagegen von einem Sieg und beginnen öffentlich ihre Programme und die sozialen Bedingungen entsprechend den Forderungen der Bewegung bzw. entsprechend dem neuen gesellschaftlichen Konsens zu verändern. Sie versuchen natürlich die ganze Ehre dieses „Sieges" für sich zu verbuchen, selbst wenn sie zur Revision ihrer Politik gezwungen wurden. In diesem Prozeß fällt es den AktivistInnen oft schwer, ihren Anteil am Erfolg zu erkennen. Ein gutes Beispiel für diese Form sind die Abkommen zwischen Reagan und Gorbatschow über den Abzug der europäischen Mittelstreckenraketen.

* Der *langsame Zermürbungsprozeß* ist gegeben, wenn sich der Erfolg leise und fast nicht wahrnehmbar über Jahre oder Jahrzehnte einstellt. Die soziale oder politische Maschinerie bringt dabei langsam neue Programme und Bedingungen hervor, wie es z.B. bezüglich der Atomenergie derzeit in den USA geschieht. In diesem Prozeß haben die AktivistInnen in der Regel noch mehr Schwierigkeiten ihren Anteil am Erfolg wahrzunehmen. Bei allen drei Formen ist zu beachten, daß der endgültige Erfolg nicht unbedingt garantiert ist, selbst wenn der Schlußkampf eingesetzt hat. Das Blatt kann sich immer noch wenden. So ist auch diese Phase von fortlaufenden Auseinandersetzungen geprägt, auch wenn diesmal die Opposition in der Offensive ist.

DER DURCHBRUCH

Der Sieg scheint errungen. Alles sieht einfach aus. Aber gerade darin liegt die Gefahr. Wenn wir nicht auf der Hut sind, wird das Übel erfolgreich entkommen und neues Ungemach wird entstehen. Du kannst nicht aus niederen Beweggründen, aus purem Eigennutz oder mit Betrug für eine gute Sache kämpfen.

Opposition

Die Träger der Veränderung verlagern sich jetzt von der Bewegung zu den traditionell Progressiven, auf die gemeinhin „unpolitische" Mehrheit der Bevölkerung und die breiteren politischen, sozialen und wirtschaftlichen Gruppierungen und Institutionen. Die Öffentlichkeit beteiligt sich mehr und mehr an allgemeinen Aktivitäten, die das Problem im Gespräch halten und immer wieder auf die Nachteile der derzeitigen Situation hinweisen. Das kann bis zu konkreten politischen und wirtschaftlichen Sanktionen gehen. Die wirtschaftliche und politische Führung ist dadurch gezwungen, ihre Programme aufzugeben, um sich selbst nicht noch mehr zu schaden. Es würde sie mehr kosten, ihre Politik beizubehalten, als sich auf die Veränderungen einzustellen. Die Politiker fürchten sich davor, Wählerstimmen zu verlieren und die Wirtschaft müßte wegen möglicher Boykotte, Sanktionen oder allgemeiner Störungen des Marktes mit Profitverlusten rechnen. Manchmal gibt es einen allgemeinen, weltweiten Aufstand, der die Herrschenden in den Machtzentren mit ihrer immer geringer ausfallenden Unterstützung regelrecht isoliert.

Die Aufgaben und die Gefühle der Opposition sind je nach Art des Schlußkampfes unterschiedlich:

* Im *dramatischen Entscheidungskampf* verhält sich die Bewegung ähnlich wie in der Startphase: Sie spielt in einer Zeit der Krise eine klare und mächtige Rolle in der Öffentlichkeit, bedient sich des Mittels der Massendemonstrationen und kann in relativ kurzer Zeit klare Erfolge verbuchen. Beispiele für diese Form sind der Sturz Marcos' nach den vorausgehenden Wahlen auf den Philippinen oder die Verabschiedung der Wahlgesetze fünf Monate nach der Selma-Kampagne.
* Im *stillen Entscheidungskampf* verfolgt die Bewegung die gleichen Strategien und Programme wie in der Start- und Mehrheitsphase. Die Anstrengungen dürfen jetzt nicht nachlassen und die AktivistInnen sollten sich bemühen, den Erfolg zu erkennen und ihre spezifische Rolle in der Auseinandersetzung zu sehen.
* Bei der dritten Form, dem *langsamen Zermürbungsprozeß,* fällt es oft schwer, den Erfolg zu sehen und die wichtige Rolle der Bewegung dabei anzuerkennen. Ein Großteil der Arbeit wird jetzt von den gesellschaftlich einflußreichen Gruppierungen oder den POOs übernommen.

Die Herrschenden

Die Programme der Herrschenden erweisen sich politisch und wirtschaftlich als nicht mehr rentabel. Die Mehrheit der Herrschenden übernimmt die Ansichten der Opposition; isoliert und geschlagen bleibt nur noch ein harter Kern zurück. Der harte Kern der Herrschenden wird

* *gezwungen, unverzeihliche Fehler zu machen, z.B.* als Nixon die Watergate-Einbrüche und andere „schmutzige Tricks" gegen die Opposition anordnete oder Präsident Reagan sich gezwungen sah, die Boland-Vereinbarungen durch illegale, heimliche Unterstützung der Contras zu verletzen;
* *daran gehindert, alle Maßnahmen zu ergreifen, die für eine erfolgreiche Durchführung ihrer Programme notwendig sind, z.B.* als das Verteidigungsministerium nicht jedes Register ziehen konnte, das für den Gewinn des Vietnamkriegs wichtig gewesen wäre;
* veranlaßt, *zu extremen Notstandsmaßnahmen, etwa Sonderverordnungen oder Unterdrückungsmechanismen Zuflucht zu nehmen,* die letzlich jedoch nur bewirken, daß die Opposition sich verbreitet. Wirtschaftliche, soziale und politische Vergeltungsmaßnahmen unterminieren die Unterstützungsbasis, die die Herrschenden brauchen, um ihre Programme durchziehen oder sich überhaupt an der Macht halten zu können.

Die Herrschenden haben drei verschiedene Strategien, derer sie sich je nach Art des „Endspiels" bedienen:

* *Kampf bis zum letzten* (im dramatischen Entscheidungskampf); dabei geben sie nicht eher auf, bis daß in den traditionellen Institutionen, den Gerichten, im Kongreß oder durch Volksentscheide eindeutig gegen sie entschieden ist oder sie durch Wahlen, Massenaktionen oder anderen Druck der Regierungsgewalt enthoben werden;
* *siegreicher Rückzug* (beim stillen Entscheidungskampf), wo die Herrschenden zwar in der Sache geschlagen sind, jedoch dann Reformen und neue Programme verkünden und sich in der Öffentlichkeit als die Sieger darstellen;
* *Hartnäckigkeit und Sturheit* (während des Zermürbungsprozesses): Sie geben keinen Schritt klein bei, obwohl die Sache schon verloren ist, bis eine der beiden, oben beschriebenen, Schlußszenarien eintritt.

Öffentlichkeit

Die Bevölkerung fordert jetzt Veränderungen. Die Opposition ist mittlerweile so überwältigend, daß sich die Angelegenheit in der Öffentlichkeit als Konflikt der „Guten" gegen die „Bösen" darstellt. Entweder man ist auf der Seite der „Anständigen" oder auf der Seite von Präsident Marcos, der Apartheid oder des Vietnamkrieges. Obwohl seit einigen Jahren die Mehrheit der Bevölkerung gegen die aktuelle Politik eingestellt war, waren die meisten jedoch nicht bereit, auch entsprechend ihrer Meinung zu handeln. Dies geschah aus ver-

schiedenen Gründen:
* Sie fühlten sich machtlos.
* Sie wußten nicht, was sie tun konnten.
* Es gab keine aktuelle Krise oder keinen „Auslöser".
* Sie hatten mehr Angst vor möglichen Alternativen (Kommunismus, das Unbekannte ...), als daß sie sich eine Veränderung wünschten.

Jetzt ist jedoch eine Grenze überschritten, so daß sie ein Ende der derzeitigen Programme und Umstände mehr herbeisehnen, als daß sie sich über die möglichen Konsequenzen und Alternativen Sorgen machen.

Sie sind bereit, ihre Überzeugung durch Demonstrationen und Wahlverhalten deutlich zu machen, und sogar den Herrschenden ihre Unterstützung bei der Veränderung ihrer Politik zuzusichern. Ein Beispiel dafür könnte sein, daß der Wunsch der AmerikanerInnen nach nuklearer Abrüstung größer ist als ihre Angst vor einem sowjetischen Angriff und deren Machtübernahme.

Ziele

Die Ziele der Bewegung in dieser Phase sind u.a.:
* sich einer erfolgreichen „Endspiel"-Strategie bedienen, um eine oder mehrere Forderungen durchzusetzen.
* Die AktivistInnen müssen den Erfolg und die Rolle, die sie bei der Erlangung dieses Erfolges gespielt haben, erkennen.
* Die Angelegenheit sollte jetzt in einen größeren Gesamtzusammenhang gestellt und neue Paradigmen vorgeschlagen werden.
* Es müssen viele neue Machtzentren der Bewegung geschaffen werden, die sich auf basisdemokratische Strukturen und eine enthusiastische Bevölkerung gründen.
* Fortführung der Bewegung.

Gefahren

Folgende Gefahren müssen jetzt vermieden werden:
* bei zu vielen Forderungen und Werten zu kompromißbereit zu sein;
* sich mit kleineren Reformen zufriedenzugeben statt sich für grundsätzliche gesellschaftliche Veränderungen einzusetzen;
* daß die AktivistInnen sich machtlos und frustriert fühlen, da sie die Erfolge nicht erkennen bzw. die Rolle der Bewegung bezüglich des erfolgreichen „Endspiels" nicht sehen;
* die Bewegung angesichts des Sieges aufzulösen.

Schlußfolgerung

Die Bewegung hat eine oder mehrere ihrer Forderungen durchsetzen können.

Jetzt muß sie sich einigen schwierigen Fragen stellen: Was ist Erfolg? Was steht an weiteren Schritten an? Die Bewegung muß ihre bisherigen Erfolge erkennen, beobachten, was bezüglich der durchgesetzten Forderungen konkret passiert, das Problem in einen größeren Gesamtzusammenhang stellen, sich auf weitere Forderungen konzentrieren, die sich in anderen Phasen befinden und grundsätzlichere Alternativen und ein neues Paradigma vorschlagen.

Fallstudie: Die amerikanische Anti AKW-Bewegung
Phase Sieben: 1993 und später

Die Anti-AKW-Bewegung kann entweder durch einen letzten, dramatischen Machtkampf oder langsam Schritt für Schritt gewinnen. Wenn der augenblickliche Trend anhält, wird die Atomenergie sich, wie im vorigen Kapitel beschrieben, in einem Zermürbungsprozeß bis zum Anfang des nächsten Jahrhunderts totlaufen. Die Opposition darf nicht in ihrer Wachsamkeit nachlassen, da die Herrschenden es sicher versuchen werden, die Atomindustrie mittels staatlicher Unterstützung wiederzubeleben. Der harte Kern der Herrschenden wird weiterhin den Sinn der Atomkraft beschwören, bis sie entweder aus wirtschaftlichen oder politischen Gründen absolut unrentabel ist oder die derzeit Herrschenden nicht mehr an der Regierung sind.

Es ist jedoch auch möglich, daß die Frage der Atomenergie in einem letzten dramatischen Machtkampf, z.B. nach einer größeren Katastrophe, entschieden wird. Das könnte beispielsweise so aussehen: Im Sommer 1993 verursacht ein Störfall in einem AKW, das sich in einem dichtbesiedelten Großstadtgebiet im Nordosten der USA befindet, eine noch größere Katastrophe als in Tschernobyl. (Einige Leute nehmen an, daß es sich um einen ersten Fall von Terrorismus in den USA handele.) Alle AKWs der USA werden zu einer Sicherheitsüberprüfung abgeschaltet. Die Zukunft der Atomenergie ist in den nächsten 15 Monaten Thema Nummer eins im ganzen Land. 85% der Bevölkerung sind grundsätzlich gegen eine Wiederinbetriebnahme der Reaktoren. Der Kongress stimmt noch kurz vor Ende der Legislaturperiode über die Frage ab und entscheidet, das Atomprogramm zu stoppen.

Voraussetzung für beide Möglichkeiten ist, daß die Bevölkerung versteht, daß alternative Verfahren der Energieversorgung für das Land entwickelt werden müssen. Bis dahin muß die Bewegung die Leute davon überzeugt haben, daß es technisch und praktisch möglich ist, zu sanften Methoden der Energieerzeugung überzugehen.

Phase Acht: Fortsetzung des Kampfes

Der Erfolg in Phase sieben bedeutet nicht das Ende der Auseinandersetzung, sondern die Grundlage für die Fortsetzung des Kampfes und einen neuen Anfang.

 KONTINUITÄT
Grundsätzliche Zielsetzungen, Traditionen und bleibende Werte sichern den Erfolg. Die Situation wird mit möglichst geringem Aufwand in die richtigen Bahnen gelenkt. Die Bewegung ist der Grundstein für einen neuen Anfang.

Opposition

Die Fortsetzung des Kampfes erfolgt auf fünf verschiedenen Wegen:
* *Den Erfolg feiern.* Die Erfolge der 7. Phase und die Rolle, die die Bewegung in der Erlangung dieser Erfolge gespielt hat, sollen von den AktivistInnen anerkannt und entsprechend gewürdigt werden.
* *Die weitere Entwicklung beobachten.* Im Anschluß an die erreichten Erfolge sind verschiedene weitere Schritte, vor allem durch die POOs auf lokaler und nationaler Ebene, jetzt wichtig:
1. sicherzustellen, daß die gegebenen Versprechen, die neuen Gesetze und Programme auch eingehalten werden (es war z.B. gar nicht so einfach, dafür zu sorgen, daß nach den Wahlgesetzen von 1965 die Schwarzen auch tatsächlich von ihrem Wahlrecht Gebrauch machen durften);
2. weitere Erfolge zu erzielen, die unter den politischen Umständen möglich geworden sind;
3. Rückschläge zu vermeiden, die die Errungenschaften wieder zunichte machen würden.
* *Sich jetzt anderen Forderungen widmen.* Die Bewegung muß sich jetzt auf andere Forderungen konzentrieren, die noch nicht so weit fortgeschritten sind. Nachdem z.B. die Bürgerrechtsbewegung die Rassentrennung in den Restaurants erfolgreich bekämpft hatte, wiederholte sie die Auseinandersetzungen, um integrierte Busse und Hotels zu erreichen, das Wahlrecht durchzusetzen und die Armut zu beenden.
* *Ein neues gesellschaftliches Bewußtsein, neue Themen, neue Bewegungen.* Die neue Studentenbewegung und eine neue Frauenbewegung entwickelten sich aus der Bürgerrechtsbewegung und der Bewegung gegen den Vietnamkrieg.
* *Von Reformen zu sozialem Wandel.* Die sozialen Bewegungen dürfen sich nicht mit einzelnen Reformen abspeisen lassen, sondern müssen sich für grundsätzliche strukturelle Veränderungen engagieren. Dafür ist es erforderlich, daß sie

1. an der Entwicklung einer selbstbewußten Bevölkerung arbeitet, die nicht nur wegen des einen Problems protestiert, sondern sich immer wieder für gesellschaftliche Veränderungen einsetzt;
2. Organisationsstrukturen und Netzwerke aufbauen, die auch nach den jetzigen Erfolgen weiterbestehen bleiben;
3. eine grundsätzlichere Gesellschaftsanalyse betreiben, neue Themen aufgreifen und sich neue Ziele setzen;
4. konkrete Alternativen, Weltanschauungen und Paradigmen vorschlagen, die das gesellschaftliche und politische System weiterentwickeln und nicht nur Symptome bekämpfen.

Die Herrschenden

Die Verwaltungen sind zwar gehalten, die neuen Gesetze und Verordnungen auszuführen, können das jedoch manchmal verzögern oder gänzlich unterminieren. Die meisten Herrschenden unterstützen in der Regel den neuen gesellschaftlichen Konsens und werden die entsprechenden Gesetze und Programme befolgen, einige werden jedoch versuchen, die Veränderungen zu boykottieren, wie z.B. die Reagan-Regierung trotz des Boland-Amendements auch noch nach 1984 die Contras unterstützte.

Die Öffentlichkeit

Ca. 80% der Bevölkerung stehen hinter dem neuen gesellschaftlichen Konsens, der aus den Forderungen der Bewegung und ihren Erfolgen entstanden ist. Die neuen Forderungen, auf die die Bewegung sich jetzt zu konzentrieren beginnt, befinden sich in verschiedenen Phasen des Aktionsplans und können mit einer Unterstützung von 10-80% rechnen.

Ziele

Es gilt sicherzustellen, daß die durchgesetzten Forderungen auch praktisch durchgeführt werden und daß die Bewegung sich neue Arbeitsschwerpunkte setzt.

Gefahren

Hauptgefahren der Phase acht sind, daß die politischen Erfolge keine praktischen Konsequenzen tragen oder durch einen Rückschlag zunichte gemacht werden.

Schlußfolgerung

Es gibt kein Ende, nur die Fortsetzung des Kampfes in einem Kreislauf von sozialen Bewegungen. Sind die einen Forderungen erfüllt, ergeben sich aus der veränderten politischen Situation neue Themen. Durch den Prozeß der vergangenen Jahre, an deren Ende jetzt der Erfolg steht, hat sich auch ein neues Bewußtsein in der Bevölkerung entwickelt. Die Leute sind mutiger geworden und spüren ihre Macht, und daraus entstehen neue Bewegungen zu neuen Themen und neuen Forderungen.

Eine bürgerInnennahe Bewegung bringt die Welt ein Stück weiter auf dem Wege zu einer umfassenderen Befriedigung unserer politischen, sozialen, spirituellen und materiellen Bedürfnisse. Ja, es ist gerade die aktive Beteiligung an diesem Prozeß, die den Leuten mehr Zufriedenheit und Lebenserfüllung beschert. Die AktivistInnen sind Teil einer weltweiten Bewegung, die Macht von unten entwickelt. Überall auf der Welt bemühen sich Menschen um persönliche Veränderung und um eine politische Wende. Das Zeitalter der Supermächte, des Materialismus, der Umweltzerstörung, der Apartheid, der Armut inmitten des Überflusses und des Militarismus wird abgelöst durch ein menschlicheres Zeitalter mit mehr Demokratie, Freiheit, Gerechtigkeit und Selbstbestimmung, in der die Menschenrechte geschützt, der Grundsatz der friedlichen Koexistenz respektiert, die Umwelt bewahrt und menschliche Grundbedürfnisse befriedigt werden.

Daraus folgt, daß *die langfristigen Errungenschaften der sozialen Bewegungen wichtiger und bedeutsamer sind, als die unmittelbaren Erfolge.* Die Bürgerrechtsbewegung beispielsweise hat ein neues positives Bild vom Schwarzen unter Schwarzen und Weißen geschaffen. Sie hat gewaltfreie Aktion als Mittel zur Erlangung von Macht von unten etabliert, die neue Studentenbewegung und die Bewegung gegen den Vietnamkrieg direkt hervorgebracht und andere Volksbewegungen in der ganzen Welt inspiriert. Die Bewegung gegen den Vietnamkrieg brachte die AmerikanerInnen dazu, die amerikanische Außenpolitik zum ersten Mal in Frage zu stellen und aktiv zu verändern. Sie schaffte das „Vietnam-Syndrom", demzufolge die Bevölkerung gegen die jahrhundertealte Politik militärischer Intervention in Mittelamerika zur Durchsetzung der Interessen der Herrschenden in den USA opponiert. Darüberhinaus sind soziale Bewegungen ansteckend: Die Volksbewegung auf den Philippinen fand Nachahmung auf Haiti, in Chile und jetzt auch in Süd-Korea.

Fallbeispiel: Die amerikanische Anti-AKW-Bewegung
Phase Acht: Bis zum Jahre 2025

Wenn das Endspiel um die Atomenergie die Form der langsamen Zermürbung annimmt, muß die Bewegung ihre Wachsamkeit und ihren Widerstand noch sehr lange aufrechterhalten. Ein harter Kern der Herrschenden wird sich sicher weiter um die Wiederbelebung des Atomzeitalters bemühen, bis endgültig ein gesellschaftlicher Konsens über die grundsätzliche Ablehnung der

Atomenergie und eine Wende zu „sanften" Energietechnologien erreicht ist. Ein *dramatisches Endspiel* könnte hingegen folgendermaßen aussehen: Die Industrienationen werden im Jahre 1995 erneut durch einen Bericht einer internationalen Kommission aufgeschreckt, die zur Untersuchung des Unfalls von 1993 und zur Voraussage der weltweiten Energieentwicklung innerhalb des nächsten Jahrhunderts gebildet wurde. Die Stellungnahme beschränkt sich nicht allein auf das Thema der Atomenergie. Sie enthält eine Beschreibung vieler zu erwartenden Krisen, die sich schon in den letzten 30 Jahren abgezeichnet hatten. Die augenblickliche Energiepolitik, die sich hauptsächlich auf die fossilen Brennstoffe (Öl, Holz und Kohle) stützt, würde bis zum Jahr 2025 eine Reihe katastrophaler Folgen nach sich ziehen. Der Treibhauseffekt würde die Erdtemperatur erhöhen, wodurch die Agrarproduktion erheblich vermindert und viele Küstenregionen durch die Abschmelzung der Gletscherkuppen überschwemmt würden; die Zerstörung der Ozonschicht würde zunehmen und die Hautkrebsrate immens erhöhen; die Wälder würden durch Sauren Regen zerstört und die Ozeane bedroht; die Ölförderung käme zu ihrem Höchststand und würde sich dann, aufgrund der weltweiten Mangelsituation, um 50% verringern. Wegen der darauffolgenden Kostenexplosion würde sie in den nächsten fünf Jahren noch weiter abnehmen.

Nationen aus aller Welt werden sich so schnell es geht vom „harten" Weg der Energieerzeugung, der sich auf hohen Verbrauch nuklearer und fossiler Brennstoffe gründete, abwenden und verstärkt zu „sanften" Energiegewinnungsmaßnahmen übergehen.

Der Autor
Bill Moyer ist seit über 25 Jahren Organisator, Autor, Trainer und Strategie-
entwickler in verschiedenen sozialen Bewegungen in den USA. Er arbeitete in
der Bürgerrechtsbewegung, den Bewegungen gegen den Vietnamkrieg, gegen
Atomenergie und Atomwaffen, gegen militärische Intervention in Mittelamerika und in der Anti-Atomwaffen-Bewegung in Europa. Er war Mitarbei-
ter von Dr. Martin Luther King, Jr. und der Poor Peoples' Campaign der
Southern Christian Leadership Conference (Kampagne der Armen, ein Projekt der Bürgerrechtsbewegung), Direktor des Chicago open housing program
des American Friends Service Committee (ein Wohnungsprogramm der Quä-
ker in Chicago), Trainer für Gewaltlosigkeit, Mitbegründer der Movement
For A New Society (Bewegung für eine Neue Gesellschaft) und deren Philadelphia Life Center (Philadelphia Lebenszentrum, ein Projekt für kollektives
Leben und Arbeiten). Gegenwärtig ist er nationaler Projektkoordinator des
Social Movement Empowerment Project (Projekt der Ermutigung und Entwicklung sozialer Bewegungen).

Das Social Movement Empowerment Project (SMEP)
Das Social Movement Empowerment Project ist ein technisches Hilfspro-
gramm, das den Aktionsplan für soziale Bewegungen entwickelt hat und AktivistInnen in verschiedenen Bewegungen anleitet und ihnen hilft, mit ihm beim
Organisieren und der Strategieentwicklung zu arbeiten. SMEP hat außer einem Lenkungsgremium eine nationale Beratergruppe, einen bezahlten Projektkoordinator und freiwillige MitarbeiterInnen überall in den USA.
Die erste Auflage des Movement Action Plan (MAP, Aktionsplan für soziale
Bewegungen) erschien 1986. Die zweite Auflage von 1987 ist unter Mitarbeit
von TeilnehmerInnen an MAP-Seminaren und Trainings und LeserInnen be-
deutend erweitert worden. Diese Broschüre ist eine Übersetzung der zweiten
Auflage.

Adressen:
Social Movement Empowerment Project
721 Shrader St., San Francisco, Ca. 94117, U.S.A

Die folgenden Adressen sind Kontaktadressen für LeserInnen, die an weiterer
Arbeit mit dem Aktionsplan in der Bundesrepublik Deutschland und Öster-
reich interessiert sind:

Christine Schweizer
Graswurzelwerkstatt, Scharnhorststr. 61, D-5000 Köln 60

Eva Michels
Aktion Sühnezeichen/Friedensdienste, Jebenstr. 1, 1000 Berlin 12

Internationaler Versöhnungsbund, Österreichischer Zweig
Lederergasse 23/III/27, A-1080 Wien

Gandhi-Informations-Zentrum (Hrsg.)

my life is my message

Das Leben und Wirken von M.K. Gandhi

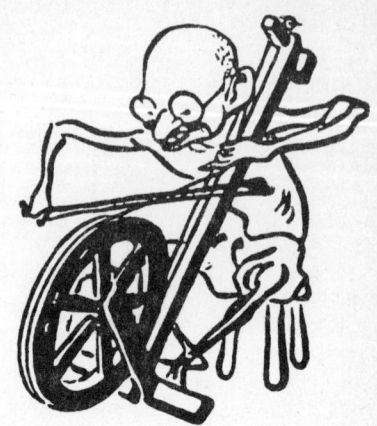

In einer Zeit, in der Atomwaffen Kriege nicht mehr führbar machen und Umweltzerstörung die Lebensgrundlagen des Menschen bedroht, kommt es darauf an, wehrhaft zu sein — ohne die alles zerstörende Gewalt militärischer Waffen. Gandhis Beitrag auf dem Weg zu solch einer neuen Wehrhaftigkeit ist unerreicht. Dies Buch gibt einen umfassenden Einblick in sein Leben, sein Handeln und sein Denken.

- ausführliche Chronologien von Gandhis Leben und Wirken sowie der Geschichte Indiens und Südafrikas,
- 140 Photos, Dokumente und Illustrationen,
- Aussprüche, Artikel und Reden Gandhis zu 26 ausgewählten Themen, die einen fundierten Einblick in seine Weltsicht geben,
- Stellungnahmen von Zeitgenossen Gandhis,
- 59 Zeitungsartikel der deutschen Presse zwischen 1931 und 1948,
- 48 Karikaturen und Zeichnungen,
- komplette Bibliographie der deutschsprachigen Gandhi-Literatur,
- Adressenverzeichnis von Gandhi-Organisationen weltweit.
  304 S., DM 27.00, ISBN 3-88713-033-2

Am 7. September 1947 schrieb Gandhi auf Bengali:

আমার জীবনই আমার নমী।

মো· ক· গান্ধী

„Mein Leben ist meine Botschaft"
(my life is my message)

Warum wird die Zeitschrift

graswurzel
revolution

von Ihnen so gefürchtet ?

... weil sie uns jeden Monat schmerzlich daran erinnert, daß es eine revolutionäre Alternative zur Massenmilitanz gibt. (ein Bücher-Autonomer aus Kreuzberg)

... weil sie es anscheinend nicht lassen kann, zu behaupten, Gewaltfreiheit und Beteiligung an der Staatsgewalt würden sich widersprechen. (eine Grüne aus Bonn)

... weil sie sich nicht so leicht als terroristische Vereinigung brandmarken läßt, obwohl sie doch eine ist, verdammt nochmal. (ein Verfassungschützer aus Köln)

... weil sie über Sexismus nicht nur redet, sondern auch noch glaubt, ihn analysieren zu müssen und deren Leser sich dann von unsereinem entsolidarisieren — die Spalter, die. (ein Macker aus der Szene)

... weil sie uns respektlos aufzeigt, daß der bewaffnete Kampf eine patriarchale Kampfform ist. (eine Frau aus der Roten Zora)

Sollten auch Sie jetzt Mut bekommen haben, eine Zeitung zu lesen, die Freundln und Feind fürchten, bestellen Sie ein Abo (10 Ausgaben 20 DM, Förderabo 30 DM: GWR, Schillerstr. 28, 6900 Heidelberg Zum Abo für 2 DM in Briefmarken: ein Sonderheft nach Wahl (Soziale Verteidigung, Sozialgeschichte des Antimilitarismus, Widerstand gegen die Wehrpflicht, Alternative Ökonomie). Ansonsten kosten die Sonderhefte 6 DM plus 1 DM Porto. Spendenkonto: 266 57-207 PSK Hamburg, BLZ 200 100 20.

Clara Wichmann
Der Weg der Befreiung
Texte über aktive Gewaltlosigkeit 1917-1921. Herausgegeben von Gernot Jochheim.
Als Juristin, Feministin und Revolutionärin war Clara Wichmann die erste Theoretikerin
grundsätzlicher Gewaltlosigkeit in Europa und zugleich deren erste Geschichtsphilo-
sophin. Die Texte zeigen, daß Gewaltlosigkeit für sie Ausdruck eines sozialen Lernpro-
zesses war und eine qualitativ neue Stufe der Kulturentwicklung. Sie standen am Beginn der theoretischen Arbeit über gewaltlose Aktion und gewaltlose Revolution in
Europa und legen einen Teil europäischer Geschichte offen, der weitgehend unbe-
kannt oder in Vergessenheit geraten ist. 80 S., DM 9.00

Albrecht Bühler-Stysch/Jürgen Menzel (Hrsg.)
Im Namen des Volkes? - FriedenstäterInnen im Gefängnis
Zum ersten Mal gibt es in Deutschland aus einer Kampagne zivilen Ungehorsams
heraus zahlreiche Gefängnisstrafen, die in der Öffentlichkeit Beachtung finden. Dies
Buch schildert die Erfahrungen der Betroffenen, FreundInnen und Bezugsgruppen mit
dem Eingesperrt- bzw. Ausgesperrtsein. Außerdem wird diskutiert, welche Rolle die
Fragen „ziviler Ungehorsam und Gefängnis" und „Strafe und Gefängnis" für gewalt-
lose Kampagnen und Gesellschaftsveränderung spielen. 158 S., 12.80

Gunar Seitz
Kriegsdienst - Ökologische Verweigerung
Ökologische Verweigerung ist ein neuer Schritt in der Geschichte des Widerstandes
gegen Krieg und Militärdienste. Aktion und ethische Werte erhalten durch die Verknüp-
fung mit den ökologischen Fragestellungen von Vernetzung, Kreislauf etc. eine neue
Aktzentuierung mit systemsprengender Dynamik. 100 S., 12.80

Wege des Ungehorsams
Bd. 1: Beiträge zur Aktualität des gewaltlosen Anarchismus, Revolutionskonzepte,
Kommunalismus gegen Krieg und Nationalismus, Selbstverwaltungskonzepte Gandhis
und der Sarvodayabewegung Indiens, Ziviler Ungehorsam, Transnationalismus &
Kommunalismus gegen Krieg und Nationalismus u.a.m. 190 s., 15.00.
Bd. 2: Beiträge zu den sozialen Bewgungen, materialistische Gewaltlosigkeitstheorie
bei Henriëtte Roland Holst, Gandhis Bildungskonzepte u.a.m. 253 S., 19.80.

Christoph Besemer
Zurück zur Zukunft
Utopische Kommunen, Anspruch und Wirklichkeit. Auswertung historischer Erfahrungen. — Überblick über die Entwicklung utopischer Kommunen in Europa und den USA
bis zur Alternativbewegung der siebziger Jahre und der Versuch, die Lern- und Er-
kenntnisprozesse in utopischen Kommunen für gesamtgesellschaftliche Veränderungen und für das Überleben von heutigen sozialen Bewegungen nutzbar zu machen.
135 S., 8.00